RICHARDSON

Super Fiendish Su Doku

200 Puzzles
Book 1

Published by Richardson Publishing Group Limited
www.richardsonpublishinggroup.com

10 9 8 7 6 5 4 3 2 1

© Richardson Publishing Group Ltd 2020

All puzzles supplied by Clarity Media

Cover design by Junior London

ISBN 978-1-913602-03-1

Printed and bound by CPI Group (UK) Ltd, Croydon CR0 4YY

A catalogue record for this book is available from the British Library.

If you would like to comment on any aspect of this book, please contact us at:

E-mail: puzzles@richardsonpublishinggroup.com

Follow us on Twitter @puzzlesandgames
instagram.com/richardsonpuzzlesandgames
facebook.com/richardsonpuzzlesandgames

MIX
Paper from
responsible sources
FSC
www.fsc.org   FSC® C020471

Contents

		1			5	3	6	
			1					9
9	4		3					
2	5					7		
	6			9			4	
		3					8	6
					6		5	8
5					7			
	8	2	5			1		

	6			9	7	5		
1				6				7
5			2					
		6		7		4		
			6		5			
		3		4		9		
					6			1
2				8				4
		9	7	5			8	

				2	3	1		
			1	9			8	6
		6						3
							5	2
	8	2				4	7	
3	7							
6						8		
4	9			6	7			
		8	4	3				

		5			9			1
			8		2	3		
3					5	2		
5	6					8	2	
	1	2					7	4
		3	1					9
		1	6		4			
7			5			4		

	4	1						2
	7	2			3		6	
5				2				
7		4	5			8		
				9				
		3			2	5		9
				5				6
	3		2			9	4	
4						1	5	

		4	2					
	2			3				
		6		8	5		4	
1						5	3	
5	9						2	6
	7	2						4
	8		9	7		6		
				6			8	
					2	7		

			9		6		7	
	3			4	5			8
		7						5
				2		8		9
9		1				4		6
3		2		9				
5						3		
7			4	5			8	
	4		1		3			

2			7		4			
	5		6	2			4	
						3		
4		3		7				8
	1	2				7	9	
7				6		4		3
		6						
	4			5	6		8	
			4		1			5

Super Fiendish Su Doku

5			3	9			8	
9								4
	8	1			5			
7			4				9	6
			7		2			
3	4				8			7
			6			7	4	
2								9
	6			7	9			8

4				3	8	5		7
				2				
			9			4	3	
		6			3		9	5
5								6
7	2		5			3		
	7	4			9			
				1				
6		8	2	5				4

		7		6	5	4		
4			1			5		
3		5						9
9					1			
		3	5		6	7		
			3					5
6						1		8
		2			9			4
		9	4	1		6		

		7		9				
	2				8	9		
9		3	7	1				
		4					1	
		1	8		6	5		
	3					8		
				3	9	6		2
		9	2				3	
				8		7		

	6	8		3			1	
			6			4		
2			8			3		5
		6					3	
7	5						4	9
	4					7		
9		1			5			3
		7			9			
	2			1		8	9	

			2				6	
4			5			7		
		6				4	9	
	5		9		7	8		6
				8				
7		8	4		6		1	
	4	2				3		
		7			5			1
	6				8			

9		5		6	4			
	8				5			4
			9				5	
4				2		6		
7		6				5		2
		2		5				8
	7				2			
2			1				3	
			5	4		2		1

2					4	6		
		7		3	2			8
	9		5					
6	1		4				8	
				1				
	5				6		4	2
					3		2	
9			2	4		8		
		3	6					1

		4						1
		9		6			2	
8			1		4			
5			8	1			9	6
7	9			2	6			5
			5		1			3
	8			9		6		
4						7		

	3		1	6	2			5
6		4	8					3
9								
5		3			8		7	
	8		4			5		6
								7
7					5	9		2
3			7	2	1		5	

6				9		5	3	
7	1			3	5	2	8	
			8					
	5						6	3
8	2						7	
					9			
	7	1	3	2			9	8
	3	8		1				6

			6					5
8	6	5				3		
	7				3			
2	3		1	9				
		9	3		8	1		
				7	6		3	9
			9				1	
		1				8	7	6
7					2			

			2	9			4	
		5				2		
9						6	8	
3					5		7	
	7			6			1	
	4		3					6
	2	3						9
		4				8		
	9			8	3			

4					8			
1	5				6			3
				9			8	
3	1		4	6			9	
	9			1	7		4	5
	4			5				
2			3				6	4
			6					7

2		9						
		6	9		7		8	
5	7			2		9		
	3	8					2	
			3		9			
	9					3	7	
		4		8			3	5
	1		4		6	8		
						4		6

			2	7				4
5	2		3		4			
							9	
2	7		4				5	3
	4						7	
6	3				1		4	9
	1							
			1		7		2	6
8				5	2			

6			4		1			5
				8			7	
	2	1	3	5				
						7		8
	8	7				4	5	
4		3						
				6	5	9	4	
	6			9				
5			8		4			1

8			5	1				6
		9				4		8
	2			8	4			
5	8							1
4							3	9
			4	7			8	
3		4				7		
2				6	1			5

	9				6			
				3	9		8	
1					7			4
7			4				2	1
	6						7	
4	5				1			8
2			5					7
	1		7	9				
			6				3	

	5				9			2
				7	8			
		2	6	4			9	
6		4	9		3			
		8				5		
			8		4	9		1
	8			9	2	1		
			4	3				
3			7				5	

						9		
4					1			7
	9	1		5			4	
1				9	6			2
		7	4		2	5		
6			1	3				8
	4			1		3	8	
3			2					4
		9						

		9						
6					8	5		
	7			2	3			9
8	4		5			2	1	
	5						7	
	1	3			2		5	4
4			1	6			3	
		5	2					6
					4			

			1		7	2		
	9						4	
		7	8			6	5	
		3			6		8	5
1	2		4			9		
	3	8			1	7		
	6						3	
		2	9		4			

	6	7			9		3	
4			7			5		6
			6			2		
			4					2
	3						4	
8					7			
		1			5			
2		4			1			7
	7		9			8	2	

			2					1
				9			5	
		7	5			6		
4	5					8		
2			6		3			7
		3					4	2
		9			5	3		
	3			8				
6					4			

4				2	8	6		5
8		5	6	4				7
9						8		2
			1		5			
1		3						9
6				7	4	5		8
5		7	2	1				4

	3			8		7		
6			1		9			3
	8			2				
	4		3					6
	5	2				3	1	
9					7		8	
				3			9	
4			2		1			7
		6		7			4	

8		4			9			
7			2					8
			8			6		
		9	6		2	5		4
	8						9	
6		5	9		4	8		
		8			7			
3					6			7
			5			4		2

		3				4		
			5	6		7		
4				1	7			
3		1					5	
	5	4		9		3	8	
	6					1		9
			7	3				2
		7		4	5			
			8			5		

		5				9		4
		4	1			8	2	
				9	4			1
					6			5
		7				1		
3			2					
4			3	6				
	9	3			1	5		
7		8				2		

		1		8			9	
	6		3				1	2
9			7					6
			5	2				4
		2				1		
5				4	6			
4					5			7
3	2				1		8	
	9			3		2		

1	4		6		5			
		7						1
	9		2				7	
8			9					5
		6				3		
5					1			8
	6				8		1	
2						5		
			3		4		8	6

	4			8			5	
	9						2	8
			6			7		
					8	9		5
		2	3		4	8		
5		3	9					
		1			7			
6	3						7	
	5			9			1	

9		7					1	
				6				9
		2	7		5	4	6	
			2			9		1
7								3
8		9			4			
	7	5	6		8	3		
6				2				
	8					1		6

3		2	5					
		5		9	2			
9		1				4	2	
				5	7			9
8								3
5			3	4				
	2	9				8		6
			7	6		2		
					1	3		4

	8		5	9		7		2
	5	9						3
7						9		
		4			6		7	
			4		9			
	7		2			5		
		7						5
6						2	4	
2		8		6	5		3	

					9	2		
		4		6			7	8
		5			4	1		9
		1	2			6		3
3		7			6	9		
1		6	5			7		
5	7			8		4		
		2	6					

		9			6		8	
	2					7		5
				1			9	
1			7			6		
			4		8			
		3			1			7
	7			4				
9		5					4	
	6		9			2		

							1	8
7					8			2
		6		1		5		
				8	5		3	
3	5			6			9	7
	6		7	4				
		2		7		1		
5			8					9
9	4							

8								
			5				9	
	7	6			1	8		5
4				9				
	6	3	4		8	5	1	
				5				4
9		1	3			7	6	
	3				7			
								3

5					4		2	
	7				1			4
		4	3	6	7	1		
8				5				
			7		9			
				4				9
		3	1	8	5	7		
7			9				1	
	5		4					2

	5				4	3		8
			5	1			9	
					9	6		
7							8	5
			7		2			
2	9							7
		2	9					
	4			5	1			
3		5	8				6	

		7		5	3	8		
1							9	
			8			2		
7	9						6	2
		8		2		3		
4	1						8	9
		6			7			
	5							4
		9	3	1		6		

4			8			3		
						5	1	9
	7				5	2	4	
9	6				8			
				7				
			9				5	3
	1	6	7				9	
3	9	7						
		2			1			6

		9						
				4		3		9
8	2				5		4	
4				3		8		
		7	8		9	5		
		8		2				6
	1		4				5	8
7		2		9				
						1		

5					7		1	2
			9					
4			3		2			7
7						8	4	
3								6
	6	5						9
6			2		5			4
					6			
2	8		7					5

		9		3		5		
	5				4			
		4	9				1	
	7				8			5
5		3	4		2	8		9
8			5				2	
	1				5	7		
			7				9	
		7		2		4		

	9	7	8					
8			7	4				9
			2		6			
	6	1					5	
		3		1		9		
	5					3	2	
			3		7			
3				6	9			8
					4	6	1	

	4	8			1			6
	9						1	
		2			9			
	2			8	5			
	8						3	
			9	6			7	
			7			3		
	5						4	
7			1			8	6	

2				3		9		
	3				5		7	
		5		9		6	4	
		6	8					
4								7
					6	5		
	2	8		5		1		
	5		3				2	
		1		7				5

		7			5	6	9	
3	6				9	1		
		9						5
9				6		2		
			8		1			
		2		9				4
2						8		
		8	9				2	6
	4	6	7			3		

2			8		4			
	7							6
	6				9	8		
		5			2			
	4	6	3		5	2	7	
			1			4		
		3	4				6	
9							2	
			9		3			1

	7		5			8		
			2	6				
		6	7		4		5	9
6		2					3	
			1		3			
	3					9		7
9	5		3		2	6		
				7	6			
		4			8		2	

			8					6
	3			6		8		4
					5	7	3	
	1	9	5					
				8				
					3	2	7	
	5	2	1					
8		1		2			4	
7				4				

1				8		2		
	9						4	8
	2			5	4		1	
		5	6					
	1						7	
				8	1			
	6		7	2			9	
9	4						2	
		1		4				3

	2	1	3					
8							6	
7			9		1			4
6							5	
		8	5		2	9		
	1							8
4			6		9			5
	8							1
					7	2	4	

		7		9			3	
			1			5		
9	3			4				8
4							8	5
		6				4		
8	2							9
5				2			6	1
		8			4			
	9			3		8		

		2	1					5
5		3	2		4			
8	4		5					
					8		4	
1		8				5		7
	7		6					
					7		8	9
		8		9	6		2
6					1	7		

			4			8		
	4	9		6			7	
6					5			4
7	8					6		
			1		3			
		1					3	2
2			6					7
	6			5		1	9	
		8			9			

8		7						
	4		8					
5	6		2				4	1
2	8		9			4		
3								8
		1			8		5	2
4	2				6		7	3
					3		1	
						5		6

	2		5	4				
					2			9
		8	7			5		6
			3					
4	8			2			3	5
					5			
6		9			3	7		
3			2					
				7	4		9	

3						5		
		9			5			2
	8		1	4		3		
	4	1	5					
		6	4		8	1		
					9	6	4	
		8		9	1		3	
9			3			2		
		2						6

			6	1				8
6			5			3	7	
2					4			
3	5		8			7		1
8		4			6		9	3
			4					5
	2	8			5			7
5				9	3			

		8				4		
				2	9		1	
3	9							
		9		1	5		4	6
		7			6			
6	5		3	4		1		
							3	4
	2		6	5				
		1				9		

		9	6			1		
				3	7			5
3			8				6	
1			3					9
8		4				5		1
9					2			4
	9				3			8
5			7	6				
		1			8	7		

		2	7	9				
1					4		9	3
	9	6		7			5	
5			9		3			8
	3			6		4	2	
8	4		5					7
			3	6	8			

				7	4			9
			9				2	
		6			3	7		
2			8	6		4	9	
	1						8	
	9	7		1	2			5
		2	7			5		
	3				5			
5			2	3				

	9			4			2	
5		8			9			
2					1			
				1		2		7
	2	6	3		5	4	9	
8		1		9				
			1					6
			9			5		2
	5			2			3	

		5		1				
	8		9		7			
			6		8		2	4
1		8				6	4	
9								8
	7	4				5		1
8	2		1		5			
			3		2		5	
				8		9		

	8		3		4		6	
3		9	1				2	
		6		2				
5	4							
6				7				9
							8	3
				5		6		
	5				7	9		2
	6		9		2		1	

7			9				4	
						7		
	2		8	7				1
	6		4			2		3
	3						6	
2		1			8		5	
9				4	5		1	
		3						
	1				7			4

			2					
	2			9		3		4
				3	7		9	
	9	2	6			8		
6				4				9
		7			3	4	5	
	5		8	1				
9		8		7			1	
					9			

		3		8	5			7
			3	9			6	
8	2				6			
	3							4
	5	4				7	3	
6							2	
			8				7	5
	8			1	7			
9			4	5		6		

		1	2		7			
	3			4	1			
6		8					4	
1			4			8	3	
	5						7	
	8	6			2			4
	6					5		9
			9	7			6	
			1		6	2		

2				8			5	7
						9		
		5			7		2	4
	9				3		8	
	6		8		5		7	
	5		2				4	
5	7		6			1		
		1						
3	8			2				5

1	4					3		
2			7			8	9	1
				2				
	2			8	6			7
		9				4		
8			4	3			6	
				5				
6	7	2			1			3
		5					1	6

	7	8	1					
2				8	7			6
6	9							
				9		4		
	4		3		8		9	
		2		7				
							6	1
7			2	6				9
					9	8	5	

7		8			6			
	5	3	1				4	
		6		5				
	3			9				7
		2				6		
6				4			3	
				1		4		
	4				9	8	2	
			7			9		5

		7		2		6		1
		8	1					
					7		4	9
	5				6	9	1	2
1	4	9	2				7	
9	7		3					
					4	2		
3		4		6		5		

5	3		1					
7				9		8		
6			4				9	
8					1	6		
		3				4		
		4	2					8
	9				4			1
		6		5				3
				8			4	6

				3	4			6
3			7			5		9
		5					8	
		4			6			3
	7						5	
8			9			7		
	1					6		
2		9			7			1
4			6	2				

		9		4				8
7	8		1				2	
		9			1			
2	4							
8		7				6		3
							8	2
		4		8				
	5			3			1	7
1				9		2		

	4			6	5			9
			2	7				
					1		6	5
3		1	6				8	
	7				3	2		1
5	3		8					
				5	9			
9			1	3			5	

				1			7	
3				6		1		
		6	4		7			9
2	5		7			8		
		4				5		
		9			1		3	2
9			2			5	3	
		2		8				1
	6			9				

			6	2			3	
	6					4		7
		9				8	6	
7			2	6				
		6		7		9		
				5	3			2
	7	3				2		
6		4					5	
	9			3	4			

3				1	7			
	9		6					2
1						5		
					5	9	8	
9	3						5	4
	6	5	7					
		8						5
7					2		1	
			8	4				9

	3		4		9			7
	5			3				2
					1		4	
	9	7		5				
8								4
				1		8	9	
	4		9					
9				4			2	
2			1		3		6	

					8	3		
2			1	3				4
	3	1	6					
	6		9				3	
		9				8		
	5				4		7	
					7	5	2	
1				2	6			3
		7	3					

			7	8			4	
8						5		
6		7		4	1	3		
		2						3
	7	4				8	1	
5					8			
		5	4	3		1		8
		9						4
	8			2	6			

		4		5				
	8	9	6					
3					8	6		
7				4			9	8
4			3		2			6
6	5			1				3
		5	8					7
					7	8	2	
				3		9		

Super Fiendish Su Doku

8					4		5	
	1	4				8		
	7				3		6	
		1		9				6
5			2		1			8
9				7		1		
	2		8				1	
		8				7	4	
	5		3					9

			9	3			5	
	8				7			6
			6			1		2
1			2					
8	6						7	3
					3			9
5		1			6			
6			8				4	
	3			1	2			

1			2			6		5
	4					7		
		7	5		8			
	9			8		1	7	
5								4
	7	4		3			2	
			8		2	3		
		3					9	
9		8			3			1

			4	5				8
		6		7			4	
8			6		1	7		
	5					8		
7	1						2	6
		9					3	
		2	8		9			4
	8			6		1		
1				4	2			

				8	4			2
4			9					
	1	7		3				
9		2					4	6
	8	3				2	1	
1	6					3		5
				7		9	2	
					5			3
7			6	9				

1	3					5		
		8		7		3		
	7		6		3		9	
5								2
	6		3		8		5	
8								3
	5		1		9		4	
		6		3		7		
		4					3	5

Super Fiendish Su Doku

		1				7		
				4	6			9
9			2	3				
	9				5	6	2	
5	2						4	8
	8	6	4				5	
				6	4			3
8			5	2				
		9				5		

		5	9		8			6
6	9					8		
		3					4	
	7		4	8				
			7		1			
				3	2		9	
	6						7	
		8					1	3
5			6		4	2		

					6		9	3
				2			4	
		6	3					5
6					7	5		
		1	8		9	4		
		8	5					7
8					1	2		
	1			9				
5	3		6					

				1	7		4	
		6			5		1	
	1					8	7	
9	2		7		6			
	3				9			
		5		9		2	6	
6	1				4			
4		7		8				
	8		9	6				

5			4	8				3
		4		7			9	
7					6		2	
	9		7					4
		7				8		
2					4		6	
	7		1					2
	5			4		6		
1				6	3			7

		8		5		1		3
1		9						
					1	7	4	
	8		5	2		3		4
7		3		1	9		8	
	1	7	2					
						9		1
4		2		3		6		

		1			5			4
		2	6					8
9			4			7		
	5		2					
		4				5		
					8		7	
		8			1			3
7					9	6		
1			3			2		

	7				9			
	9	4	5	8				
8		6						
		8	7				4	
9			4		2			7
	5				8	2		
						8		2
				4	6	1	9	
			3				5	

		2			3		8	
3					7			
	9	6						5
	8		4	7				
1			8		2			4
				1	6		9	
2						5	1	
			1					6
	4		7		3			

8					7			
	9		3	8				
	2	3	5					
	6			5		2	1	
4		1				5		7
	7	5		4			3	
					3	8	5	
				7	1		2	
			8					9

						3		8
8	2	6			1			
3				5				
		7		4	5	2		
	3		7		2		1	
		4	6	1		7		
				7				5
			9			1	6	2
1		3						

								9
		7		4			6	
2	3			9		8		
	8	1		5	6	2		
			4		9			
		9	8	3		1	5	
		4		6			7	3
	6			7		9		
7								

3					8			5
		1			5		9	
	4			3		7		
		7			2			
5	2			8			6	7
			5			1		
		6		9			8	
	8		7			6		
9			8					1

	2	5			8		7	
7	6		4					
8					7			6
3		9				4		
	8						5	
		6				7		3
1			3					7
					2		1	8
	4		1			6	3	

6			4			8		
5		9			1			3
	8						9	
8				3				6
			7		5			
3				2				4
	4						5	
9			8			4		1
		5			9			8

6		2		1		7	3	
					2		8	
		7						2
			2		3	8		6
	9						4	
8		1	5		4			
9						1		
	2		8					
	5	4		2		6		8

8		1			3			
7	4		8	2				
	2							
1		3	9		4	2		
	5						4	
		2	3		6	5		8
							2	
				6	5		7	4
			7			1		6

					5			7
			1				9	6
9		6			3	1		
2					1		7	
	9	4				2	8	
	1		4					9
		1	7			6		2
7	2				6			
6			3					

4	3					1		5
	7		6	1			9	
		9			3			
	9		3					
		1	4		9	7		
					8		3	
			2			3		
	4			5	6		2	
9		5					1	6

8				3	6	7		2
		2			4		5	
						8		3
	9			6		3		
			5		3			
		3		1			8	
2		9						
	1		4			6		
7		4	3	8				9

		4	1		7			
	7						1	4
		8	3	2				
					9			6
4		1	6		2	3		9
2			4					
				6	3	5		
1	3						6	
			9		1	4		

	9	4			7		3	
	6		9				4	
1								
5		9		6	3			2
			1		9			
6			4	5		3		9
								3
	1				4		9	
	8		7			6	5	

Super Fiendish Su Doku

	6							
9		8		6				
4					2	8	9	
8			5			1		
	1	5		3		6	8	
		3			8			2
	5	9	6					4
				9		7		3
							6	

		9	4					
						8		
	1			6			3	
	2			4	1		9	
	3	8	9	2	5	4	6	
	6		3	8			5	
	9			5			2	
		7						
					3	1		

	2		9			7	8	
		8		3				
5	6		7					
	7	1			4	2		
		6	2			3	7	
				9			3	8
			4		5			
	8	5			1		2	

3				5	1		2	
		2	8				5	
	8							1
			9				7	6
6				1				2
8	9				3			
7							4	
	2				9	1		
	1		5	3				8

		4	7		8		9	2
8		2		4				6
				9				
			3			1		4
6								9
3		9			7			
				8				
9				7		8		5
5	1		4		2	9		

					7	4		8
			2		1	9		
			3				2	7
7						6		
	4			8			3	
		9						2
8	6				4			
		3	5		6			
2		5	8					

		8	4	2				
					5		8	
2			9					6
	1		5				3	
8				1				7
	5				9		4	
7					2			1
	9		3					
				5	4	3		

				2		8		
			9		1		5	
6		9			3			2
8								4
9			2	3	7			5
2								9
1			3			4		8
	6		1		4			
		2		7				

9			3	7				
		6				8		9
5			1			2		
		2		8				6
			6		4			
6				3		5		
		5			3			7
4		3				6		
				6	1			2

	6		4					
7	2			5				
9		5			6	3		
					3	1		6
	3			1			4	
8		1	5					
		2	1			8		5
			8				1	7
					5		9	

		6			7	1	3	
	4	1	2					5
				4			8	
	9	7	8			5		
		2			6	9	1	
	2			1				
7					2	3	5	
	1	4	5			6		

	3	9			1	2		
7			9					
		1			4			
	5			4		1		
1	8		3		5		9	7
		7		1			8	
			2			8		
					7			3
		5	4			7	6	

3				1			2	
	1	8			3		9	
	2				8	7		
		6		7			4	2
1	3			9		8		
		4	9				3	
	8		3			4	6	
	7			4				9

			9	4		7		3
3							4	
		4	6	1				
9	2					6		
		5		6		4		
		6					7	2
			7	8	2			
	5							9
2		8		5	9			

			5	6	1			
	5		4			8		
2						6		5
3		9					2	
		2		1		7		
	6					3		8
1		6						3
		8			4		7	
			6	8	9			

5			3					
2		3		1				
		7			2			1
	9		5				6	
8		2				5		4
	3				7		8	
3			2			1		
				3		6		7
				4				8

Super Fiendish Su Doku

	3			4				
		6				8		
8	5				7		1	
	6					5		
7			8		5			2
		4					9	
	8		7				2	3
		3				6		
				9			8	

4		5			9		2	3
			2	4		7		
		6			5			1
			3	2				
9								4
				1	7			
2			7			4		
		3		8	1			
1	5		4			3		8

5			2		9	7	6	
		9	8		7			
	6						1	7
		8		2		6		
2	1						8	
			4		3	8		
	7	1	9		5			3

	4							7
1			2		7		8	
2			9	8			3	
					1			6
8				2				9
4			5					
	8			6	5			4
	1		4		8			2
7							5	

				9				
4		2		1	6			7
	1	9			3			8
	7				2			
1		3				5		9
			7				8	
5			3			4	1	
2			1	4		8		5
				6				

		5			4			6
9	4				1		2	
	6		5					
	9			3				2
		4				8		
8				1			7	
					6		5	
	3		7				9	8
1			3			7		

8				5				7
		5			8	1		
				3	4			8
						5		1
	5	9				7	2	
2		4						
3			4	1				
		1	9			4		
4				7				6

2		4					7	
	9	3			7			8
			6				9	5
9		5		2			6	
	1			8		9		3
5	4				1			
1			7			8	5	
	6					1		9

	7			4			2	1
1			9				6	
				1		4		
					9			3
		5	8	6	2	1		
6			1					
		4		9				
	2				4			5
7	1			8			4	

		7					8	2
5			1				9	
	6				3			
6			4	8		2		
9								8
		2		6	7			5
			2				4	
	2				4			6
1	5				9			

7		1						
				2	6			
	5				7	2		9
				3		9		7
2			6		1			4
8		4		7				
5		3	8				6	
			1	6				
						5		2

	8	3		1		7		
								9
6			5			4		1
9		7	6				5	
			3		5			
	3				1	6		7
7		4			8			3
3								
		8		2		9	4	

	9				8		1	
6					1			
			9	3		8		7
		7				9	3	
			4		2			
	6	4				5		
7		5		2	4			
			1					2
	2		6				7	

6				5			4	
		8			2	7		3
	9							5
			6		5		7	
		7				3		
	6		2		3			
7							1	
1		6	3			4		
	4			6				7

	6		3					9
				6				
5	9				2			1
1	5			7	9			
7								4
			8	1			7	5
6			5				2	3
				4				
3					6		4	

		2	5			6		3
	4						1	
9		5			6	7		
3			2					
		1	7		5	2		
					1			9
		3	1			5		2
	9						7	
5		8			7	3		

	5	8	4		7		9	
		1				8		
	2			3				4
	1		6	8				
		6				3		
				9	3		1	
5				1			3	
		4				5		
	8		3		5	4	7	

	4		5	9			1	
							3	
				7	1		8	9
		3	1			7		
4				5				2
		6			8	3		
1	3		6	2				
	5							
	6			1	7		5	

5						1		3
		3	5				7	
					6	9		
		8			4		1	
2			7		9			5
	7		6			3		
		9	1					
	5				7	8		
3		7						6

	8	4					2	
5			6					1
		6	8					
	7		1	2				
			4		7			
				9	8		6	
					6	1		
3					5			9
	1					8	3	

4					5		6	
		8	2				9	
	3	6			1			
					7			3
	5	3		9		4	1	
1			4					
			1			7	4	
	7				8	1		
	9		3					8

7		8	3					
	2		5					
3			7	1		6		
	5			6		4		
	4						3	
		7		2			9	
		9		3	4			7
					1		2	
					7	5		9

1					5			
		7	8	6	2			9
		8		4				2
8							4	
2		1				7		3
	5							8
3				8		9		
9			2	3	4	1		
			5					7

				8				
					6	7	1	
6					3		8	2
2	9		6					
1		8				3		5
					1		2	4
5	2		1					7
	1	3	9					
			2					

Super Fiendish Su Doku

	9	5		8				
1			6		4	8		
8				5				2
	5					9		
			9	1	2			
		2					7	
7				9				6
		3	8		1			9
				4		5	1	

4			9		5			
	2	5	3					8
8	3		6			4		
							2	4
		1				6		
2	9							
		2			8		7	3
7					3	8	4	
			4		9			2

4		9	6		7			
		1		5	3	9		
3	7							
	8						9	
		2	7		5	4		
	1						3	
							2	4
		6	8	2		3		
			3		9	6		8

5			2				7	
				8				6
8	7			1				2
					4	3		
3	6						9	7
		2	1					
2				7			8	5
4				2				
	1				8			9

9	5							
			8	4	5			
	6		9			7	4	
4			1	8		5		
	7						1	
		6		5	2			4
	2	3			7		9	
			2	6	4			
							2	1

				2			3	
	3	1		7	4			
		7	1			5		
		6				9		5
7	2						6	4
1		5				2		
		2			9	4		
			7	3		6	9	
	6			4				

	8					9	5	
		2			4	8		
6								2
			9			6	4	
5	1			8			3	9
	4	7			3			
2								7
		1	3			5		
	6	5					1	

5				1				4
		1	5		6	3		
	6				8			
	2		1			4		
		9	7		3	6		
		3			4		7	
			4				2	
		7	6		1	9		
6				7				3

Super Fiendish Su Doku

		6					9	
5				4				3
				6			7	4
					4	8	6	
2	6		1		8		3	7
	1	8	6					
6	9			1				
1				3				2
	2					9		

1		3				6		
						3	9	
	9		2					5
		5	3				8	7
		6	7		4	9		
7	3				1	5		
2					3		4	
	8	7						
		1				8		6

	7	8			5			1
						4	7	5
						3		
9			6	1				8
	4			2			3	
7				9	8			4
		9						
6	1	5						
4			9			8	5	

	2			4		3		
		1	5			2		
6						4		8
	8		2	1				
		6	7		5	8		
				3	8		1	
7		3						9
		2			9	7		
		8		5			3	

Super Fiendish Su Doku

2				6				7
		8		3				
		3	7		1			
7					4	6		1
	5						7	
3		4	9					8
			2		9	1		
				4		8		
1				8				9

	9				4		6	
			9					5
8		7	1					
		9					2	8
		3	6	7	1	4		
5	1					3		
					7	5		4
9					8			
	7		2				8	

8				1				
		4			3		1	
	9		4					5
	5				4		7	
		2	7		6	9		
	8		9				4	
9					7		8	
	6		5			1		
			3					2

1			3	6				
					1		8	
			8	7				6
		8				4		5
	7		4	5	2		3	
4		2				7		
5				2	4			
	6		7					
				3	6			7

	1		3	2	7			
4		7	8			2	3	
	3			7			8	
6								4
	8			4			5	
	7	6			8	9		3
			4	9	5		1	

7			8				3	
1	2				6		4	
9		6						7
				7				8
		4	2		9	7		
5				1				
6						5		4
	5		3				7	2
	7				4			6

	7							
	4				9			2
2			8	3		4	9	
5			2	9				1
		6				2		
3				6	5			9
	6	5		7	8			3
9			1				8	
							5	

7			9					4
4	1				7			
	3			1		8		
		4			2			1
	8						5	
6			5			9		
		1		2			9	
		6					1	7
2					4			5

9		8		4		5		
4	3						9	
	7				9	3		
	1				3		5	
			1		8			
	6		7				8	
		2	5				1	
	5						7	8
		7		3		6		5

2			8			4		9
4				2			3	
	1							5
		2	9		5			3
1			7		3	6		
5							2	
	2			3				8
9		3			7			1

Super Fiendish Su Doku

					3		2	
	2		5	1				8
			4					5
	8				1			
	1	6	8		5	7	4	
			6				9	
1					2			
9				8	6		1	
	5		1					

				5	8			2
6			1				8	
						9	3	
5				2			9	3
	9	1				2	7	
4	2			8				6
	6	9						
	4				6			5
2			8	7				

2	6		9		4			3
	9							
7		1			8	4		
		3	8					7
			7		6			
8					3	5		
		9	1			2		4
							9	
4			6		9		1	8

					4		9	
		4	9				8	
		7		8		2		
6					1	5		
		8	3		5	7		
		2	6					8
		6		5		8		
	5				9	4		
	4		7					

	1				4			9
5			8	6			3	
	3	2						
7		5	3					
		9		4		6		
					1	5		4
						3	1	
	8			5	3			2
3			6				8	

						5		1
	4		8				2	
	1		7					6
		9			5			
	3	7	9		1	2	6	
			2			9		
9					8		3	
	2				6		9	
3		1						

Super Fiendish Su Doku

2			1	5			9	
	7				4	2		
				3			4	
	6	1	5		3			
8								1
			4		1	6	8	
	9			2				
		5	8				6	
	8			1	7			2

	3		7	6				5
		4						
7	6				9	3		
						5	1	3
5			1		4			6
6	1	7						
		2	6				8	4
						1		
4				9	3		5	

4	7		9				3	
					8			
5	9							2
		5			4	8		3
	4		5		3		7	
9		7	1			4		
1							4	7
			2					
	6				7		8	9

		8	5	2				4
6		5	3					
9				1	8			
	3	9						6
5								3
4						8	5	
			7	5				8
					4	9		1
7				8	1	4		

		2		5		3		
							6	
		6	2		1	7	8	
4			9		2			
		1				2		
			4		8			7
	5	7	1		4	6		
	1							
		3		7		9		

2				6				
			1		5			8
	3	1			8			
6			7			8		2
	2						4	
8		7			9			6
			5			9	1	
7			8		2			
				7				3

No. 1

8	2	1	9	4	5	3	6	7
7	3	5	1	6	8	4	2	9
9	4	6	3	7	2	8	1	5
2	5	9	6	8	4	7	3	1
1	6	8	7	9	3	5	4	2
4	7	3	2	5	1	9	8	6
3	9	7	4	1	6	2	5	8
5	1	4	8	2	7	6	9	3
6	8	2	5	3	9	1	7	4

No. 2

4	6	2	8	9	7	5	1	3
1	9	8	5	6	3	2	4	7
5	3	7	2	1	4	8	6	9
8	1	6	9	7	2	4	3	5
9	2	4	6	3	5	1	7	8
7	5	3	1	4	8	9	2	6
3	8	5	4	2	6	7	9	1
2	7	1	3	8	9	6	5	4
6	4	9	7	5	1	3	8	2

No. 3

8	5	7	6	2	3	1	9	4
2	4	3	1	9	5	7	8	6
9	1	6	7	8	4	5	2	3
1	6	4	9	7	8	3	5	2
5	8	2	3	1	6	4	7	9
3	7	9	5	4	2	6	1	8
6	3	1	2	5	9	8	4	7
4	9	5	8	6	7	2	3	1
7	2	8	4	3	1	9	6	5

No. 4

2	8	5	7	3	9	6	4	1
1	9	4	8	6	2	3	5	7
3	7	6	4	1	5	2	9	8
5	6	7	9	4	1	8	2	3
4	3	9	2	7	8	1	6	5
8	1	2	3	5	6	9	7	4
6	4	3	1	2	7	5	8	9
9	5	1	6	8	4	7	3	2
7	2	8	5	9	3	4	1	6

No. 5

3	4	1	9	6	5	7	8	2
9	7	2	1	8	3	4	6	5
5	8	6	7	2	4	3	9	1
7	9	4	5	1	6	8	2	3
2	5	8	3	9	7	6	1	4
1	6	3	8	4	2	5	7	9
8	1	7	4	5	9	2	3	6
6	3	5	2	7	1	9	4	8
4	2	9	6	3	8	1	5	7

No. 6

7	5	4	2	9	1	3	6	8
8	2	1	4	3	6	9	7	5
9	3	6	7	8	5	2	4	1
1	4	8	6	2	9	5	3	7
5	9	3	1	4	7	8	2	6
6	7	2	3	5	8	1	9	4
3	8	5	9	7	4	6	1	2
2	1	7	5	6	3	4	8	9
4	6	9	8	1	2	7	5	3

No. 7

4	2	5	9	8	6	1	7	3
1	3	9	7	4	5	2	6	8
8	6	7	3	1	2	9	4	5
6	7	4	5	2	1	8	3	9
9	5	1	8	3	7	4	2	6
3	8	2	6	9	4	7	5	1
5	9	6	2	7	8	3	1	4
7	1	3	4	5	9	6	8	2
2	4	8	1	6	3	5	9	7

No. 8

2	3	9	7	8	4	6	5	1
1	5	7	6	2	3	8	4	9
6	8	4	5	1	9	3	7	2
4	6	3	9	7	2	5	1	8
8	1	2	3	4	5	7	9	6
7	9	5	1	6	8	4	2	3
5	2	6	8	9	7	1	3	4
3	4	1	2	5	6	9	8	7
9	7	8	4	3	1	2	6	5

No. 9

5	7	4	3	9	6	1	8	2
9	3	2	8	1	7	6	5	4
6	8	1	2	4	5	9	7	3
7	2	5	4	3	1	8	9	6
1	9	8	7	6	2	4	3	5
3	4	6	9	5	8	2	1	7
8	5	9	6	2	3	7	4	1
2	1	7	5	8	4	3	6	9
4	6	3	1	7	9	5	2	8

No. 10

4	9	1	6	3	8	5	2	7
3	8	7	4	2	5	1	6	9
2	6	5	9	7	1	4	3	8
8	1	6	7	4	3	2	9	5
5	4	3	1	9	2	7	8	6
7	2	9	5	8	6	3	4	1
1	7	4	3	6	9	8	5	2
9	5	2	8	1	4	6	7	3
6	3	8	2	5	7	9	1	4

No. 11

2	1	7	9	6	5	4	8	3
4	9	8	1	3	2	5	7	6
3	6	5	8	7	4	2	1	9
9	5	6	7	4	1	8	3	2
8	2	3	5	9	6	7	4	1
7	4	1	3	2	8	9	6	5
6	3	4	2	5	7	1	9	8
1	7	2	6	8	9	3	5	4
5	8	9	4	1	3	6	2	7

No. 12

8	1	7	6	9	4	3	2	5
4	2	6	3	5	8	9	7	1
9	5	3	7	1	2	4	8	6
6	8	4	5	7	3	2	1	9
7	9	1	8	2	6	5	4	3
2	3	5	9	4	1	8	6	7
1	7	8	4	3	9	6	5	2
5	4	9	2	6	7	1	3	8
3	6	2	1	8	5	7	9	4

No. 13

4	6	8	5	3	7	9	1	2
3	1	5	6	9	2	4	7	8
2	7	9	8	4	1	3	6	5
8	9	6	7	2	4	5	3	1
7	5	3	1	6	8	2	4	9
1	4	2	9	5	3	7	8	6
9	8	1	4	7	5	6	2	3
6	3	7	2	8	9	1	5	4
5	2	4	3	1	6	8	9	7

No. 14

8	7	5	2	9	4	1	6	3
4	1	9	5	6	3	7	8	2
3	2	6	8	7	1	4	9	5
2	5	1	9	3	7	8	4	6
6	9	4	1	8	2	5	3	7
7	3	8	4	5	6	2	1	9
5	4	2	6	1	9	3	7	8
9	8	7	3	4	5	6	2	1
1	6	3	7	2	8	9	5	4

No. 15

9	1	5	2	6	4	3	8	7
6	8	7	3	1	5	9	2	4
3	2	4	9	8	7	1	5	6
4	5	8	7	2	1	6	9	3
7	3	6	4	9	8	5	1	2
1	9	2	6	5	3	7	4	8
5	7	1	8	3	2	4	6	9
2	4	9	1	7	6	8	3	5
8	6	3	5	4	9	2	7	1

No. 16

2	3	1	8	9	4	6	7	5
5	6	7	1	3	2	4	9	8
8	9	4	5	6	7	2	1	3
6	1	9	4	2	5	3	8	7
7	4	2	3	1	8	5	6	9
3	5	8	9	7	6	1	4	2
1	8	6	7	5	3	9	2	4
9	7	5	2	4	1	8	3	6
4	2	3	6	8	9	7	5	1

No. 17

6	7	4	2	5	9	8	3	1
3	1	9	7	6	8	5	2	4
8	5	2	1	3	4	9	6	7
5	4	3	8	1	7	2	9	6
2	6	1	9	4	5	3	7	8
7	9	8	3	2	6	1	4	5
9	2	6	5	7	1	4	8	3
1	8	7	4	9	3	6	5	2
4	3	5	6	8	2	7	1	9

No. 18

8	3	7	1	6	2	4	9	5
6	5	4	8	7	9	1	2	3
9	1	2	5	3	4	7	6	8
5	4	3	6	9	8	2	7	1
1	7	6	2	5	3	8	4	9
2	8	9	4	1	7	5	3	6
4	2	5	9	8	6	3	1	7
7	6	1	3	4	5	9	8	2
3	9	8	7	2	1	6	5	4

No. 19

6	8	2	1	9	7	5	3	4
7	1	4	6	3	5	2	8	9
3	9	5	8	4	2	6	1	7
4	5	9	2	7	8	1	6	3
1	6	7	9	5	3	8	4	2
8	2	3	4	6	1	9	7	5
2	4	6	7	8	9	3	5	1
5	7	1	3	2	6	4	9	8
9	3	8	5	1	4	7	2	6

No. 20

3	9	2	6	8	1	7	4	5
8	6	5	7	4	9	3	2	1
1	7	4	2	5	3	9	6	8
2	3	7	1	9	5	6	8	4
6	4	9	3	2	8	1	5	7
5	1	8	4	7	6	2	3	9
4	8	3	9	6	7	5	1	2
9	2	1	5	3	4	8	7	6
7	5	6	8	1	2	4	9	3

No. 21

7	3	8	2	9	6	1	4	5
4	6	5	8	3	1	2	9	7
9	1	2	5	4	7	6	8	3
3	8	6	9	1	5	4	7	2
5	7	9	4	6	2	3	1	8
2	4	1	3	7	8	9	5	6
8	2	3	1	5	4	7	6	9
6	5	4	7	2	9	8	3	1
1	9	7	6	8	3	5	2	4

No. 22

4	2	9	1	3	8	5	7	6
1	5	8	7	4	6	9	2	3
7	6	3	5	9	2	4	8	1
3	1	2	4	6	5	7	9	8
5	7	4	9	8	3	6	1	2
8	9	6	2	1	7	3	4	5
6	4	7	8	5	1	2	3	9
2	8	5	3	7	9	1	6	4
9	3	1	6	2	4	8	5	7

No. 23

2	8	9	1	4	5	7	6	3
1	4	6	9	3	7	5	8	2
5	7	3	6	2	8	9	4	1
7	3	8	5	6	4	1	2	9
4	2	1	3	7	9	6	5	8
6	9	5	8	1	2	3	7	4
9	6	4	7	8	1	2	3	5
3	1	2	4	5	6	8	9	7
8	5	7	2	9	3	4	1	6

No. 24

3	9	1	2	7	8	5	6	4
5	2	6	3	9	4	7	8	1
4	8	7	6	1	5	3	9	2
2	7	8	4	6	9	1	5	3
1	4	9	5	2	3	6	7	8
6	3	5	7	8	1	2	4	9
7	1	2	8	4	6	9	3	5
9	5	4	1	3	7	8	2	6
8	6	3	9	5	2	4	1	7

No. 25

6	9	8	4	7	1	3	2	5
3	4	5	9	8	2	1	7	6
7	2	1	3	5	6	8	9	4
2	1	6	5	4	9	7	3	8
9	8	7	6	1	3	4	5	2
4	5	3	7	2	8	6	1	9
8	3	2	1	6	5	9	4	7
1	6	4	2	9	7	5	8	3
5	7	9	8	3	4	2	6	1

No. 26

8	4	7	5	1	3	2	9	6
1	3	9	7	2	6	4	5	8
6	2	5	9	8	4	3	1	7
5	8	3	2	4	9	6	7	1
7	9	1	6	3	8	5	2	4
4	6	2	1	5	7	8	3	9
9	5	6	4	7	2	1	8	3
3	1	4	8	9	5	7	6	2
2	7	8	3	6	1	9	4	5

No. 27

5	9	8	2	4	6	7	1	3
6	4	7	1	3	9	2	8	5
1	2	3	8	5	7	6	9	4
7	3	9	4	6	8	5	2	1
8	6	1	3	2	5	4	7	9
4	5	2	9	7	1	3	6	8
2	8	6	5	1	3	9	4	7
3	1	4	7	9	2	8	5	6
9	7	5	6	8	4	1	3	2

No. 28

8	5	6	3	1	9	4	7	2
9	4	3	2	7	8	6	1	5
1	7	2	6	4	5	3	9	8
6	1	4	9	5	3	8	2	7
2	9	8	1	6	7	5	4	3
7	3	5	8	2	4	9	6	1
4	8	7	5	9	2	1	3	6
5	2	1	4	3	6	7	8	9
3	6	9	7	8	1	2	5	4

No. 29

8	7	6	3	2	4	9	1	5
4	5	3	9	6	1	8	2	7
2	9	1	7	5	8	6	4	3
1	8	4	5	9	6	7	3	2
9	3	7	4	8	2	5	6	1
6	2	5	1	3	7	4	9	8
7	4	2	6	1	5	3	8	9
3	6	8	2	7	9	1	5	4
5	1	9	8	4	3	2	7	6

No. 30

2	8	9	7	5	6	3	4	1
6	3	4	9	1	8	5	2	7
5	7	1	4	2	3	8	6	9
8	4	6	5	9	7	2	1	3
9	5	2	3	4	1	6	7	8
7	1	3	6	8	2	9	5	4
4	2	8	1	6	9	7	3	5
3	9	5	2	7	4	1	8	6
1	6	7	8	3	5	4	9	2

No. 31

8	5	6	1	4	7	2	9	3
2	9	1	3	6	5	8	4	7
3	4	7	8	9	2	6	5	1
9	7	3	2	1	6	4	8	5
6	8	4	5	7	9	3	1	2
1	2	5	4	8	3	9	7	6
4	3	8	6	5	1	7	2	9
5	6	9	7	2	8	1	3	4
7	1	2	9	3	4	5	6	8

No. 32

1	6	7	5	2	9	4	3	8
4	2	9	7	3	8	5	1	6
3	5	8	6	1	4	2	7	9
9	1	5	4	6	3	7	8	2
7	3	6	8	9	2	1	4	5
8	4	2	1	5	7	9	6	3
6	8	1	2	7	5	3	9	4
2	9	4	3	8	1	6	5	7
5	7	3	9	4	6	8	2	1

No. 33

5	8	6	2	3	7	4	9	1
3	1	2	4	9	6	7	5	8
9	4	7	5	1	8	6	2	3
4	5	1	9	7	2	8	3	6
2	9	8	6	4	3	5	1	7
7	6	3	8	5	1	9	4	2
8	2	9	1	6	5	3	7	4
1	3	4	7	8	9	2	6	5
6	7	5	3	2	4	1	8	9

No. 34

4	7	1	3	2	8	6	9	5
8	3	5	6	4	9	1	2	7
2	6	9	7	5	1	4	8	3
9	5	6	4	3	7	8	1	2
7	2	8	1	9	5	3	4	6
1	4	3	8	6	2	7	5	9
3	9	4	5	8	6	2	7	1
6	1	2	9	7	4	5	3	8
5	8	7	2	1	3	9	6	4

No. 35

1	3	9	6	8	5	7	2	4
6	2	7	1	4	9	8	5	3
5	8	4	7	2	3	9	6	1
8	4	1	3	9	2	5	7	6
7	5	2	8	6	4	3	1	9
9	6	3	5	1	7	4	8	2
2	7	5	4	3	6	1	9	8
4	9	8	2	5	1	6	3	7
3	1	6	9	7	8	2	4	5

No. 36

8	1	4	7	6	9	2	5	3
7	9	6	2	5	3	1	4	8
5	2	3	8	4	1	6	7	9
1	7	9	6	8	2	5	3	4
4	8	2	3	1	5	7	9	6
6	3	5	9	7	4	8	2	1
2	4	8	1	9	7	3	6	5
3	5	1	4	2	6	9	8	7
9	6	7	5	3	8	4	1	2

No. 37

5	7	3	9	8	4	6	2	1
9	1	8	5	6	2	7	4	3
4	2	6	3	1	7	8	9	5
3	9	1	6	7	8	2	5	4
7	5	4	2	9	1	3	8	6
8	6	2	4	5	3	1	7	9
6	8	5	7	3	9	4	1	2
2	3	7	1	4	5	9	6	8
1	4	9	8	2	6	5	3	7

No. 38

1	8	5	6	3	2	9	7	4
9	3	4	1	5	7	8	2	6
2	7	6	8	9	4	3	5	1
8	2	1	9	7	6	4	3	5
5	6	7	4	8	3	1	9	2
3	4	9	2	1	5	6	8	7
4	5	2	3	6	8	7	1	9
6	9	3	7	2	1	5	4	8
7	1	8	5	4	9	2	6	3

No. 39

2	5	1	6	8	4	7	9	3
7	6	4	3	5	9	8	1	2
9	8	3	7	1	2	4	5	6
1	3	6	5	2	8	9	7	4
8	4	2	9	7	3	1	6	5
5	7	9	1	4	6	3	2	8
4	1	8	2	9	5	6	3	7
3	2	7	4	6	1	5	8	9
6	9	5	8	3	7	2	4	1

No. 40

1	4	8	6	7	5	9	2	3
3	2	7	4	8	9	6	5	1
6	9	5	2	1	3	8	7	4
8	7	2	9	3	6	1	4	5
4	1	6	8	5	2	3	9	7
5	3	9	7	4	1	2	6	8
7	6	3	5	9	8	4	1	2
2	8	4	1	6	7	5	3	9
9	5	1	3	2	4	7	8	6

No. 41

2	4	7	1	8	9	6	5	3
3	9	6	4	7	5	1	2	8
8	1	5	6	3	2	7	9	4
1	6	4	7	2	8	9	3	5
9	7	2	3	5	4	8	6	1
5	8	3	9	1	6	2	4	7
4	2	1	5	6	7	3	8	9
6	3	9	8	4	1	5	7	2
7	5	8	2	9	3	4	1	6

No. 42

9	6	7	8	4	3	2	1	5
5	4	8	1	6	2	7	3	9
1	3	2	7	9	5	4	6	8
3	5	4	2	7	6	9	8	1
7	2	6	9	8	1	5	4	3
8	1	9	5	3	4	6	2	7
4	7	5	6	1	8	3	9	2
6	9	1	3	2	7	8	5	4
2	8	3	4	5	9	1	7	6

No. 43

3	6	2	5	8	4	9	1	7
7	4	5	1	9	2	6	3	8
9	8	1	6	7	3	4	2	5
2	3	4	8	5	7	1	6	9
8	9	7	2	1	6	5	4	3
5	1	6	3	4	9	7	8	2
1	2	9	4	3	5	8	7	6
4	5	3	7	6	8	2	9	1
6	7	8	9	2	1	3	5	4

No. 44

4	8	3	5	9	1	7	6	2
1	5	9	6	2	7	4	8	3
7	6	2	3	8	4	9	5	1
8	2	4	1	5	6	3	7	9
5	3	1	4	7	9	8	2	6
9	7	6	2	3	8	5	1	4
3	1	7	8	4	2	6	9	5
6	9	5	7	1	3	2	4	8
2	4	8	9	6	5	1	3	7

No. 45

6	1	8	7	3	9	2	5	4
2	9	4	1	6	5	3	7	8
7	3	5	8	2	4	1	6	9
8	5	1	2	9	7	6	4	3
4	6	9	3	1	8	5	2	7
3	2	7	4	5	6	9	8	1
1	8	6	5	4	3	7	9	2
5	7	3	9	8	2	4	1	6
9	4	2	6	7	1	8	3	5

No. 46

5	4	9	3	7	6	1	8	2
6	2	1	8	9	4	7	3	5
8	3	7	5	1	2	4	9	6
1	8	2	7	3	9	6	5	4
7	5	6	4	2	8	9	1	3
4	9	3	6	5	1	8	2	7
2	7	8	1	4	3	5	6	9
9	1	5	2	6	7	3	4	8
3	6	4	9	8	5	2	7	1

No. 47

4	2	5	6	9	7	3	1	8
7	3	1	4	5	8	9	6	2
8	9	6	3	1	2	5	7	4
1	7	4	9	8	5	2	3	6
3	5	8	2	6	1	4	9	7
2	6	9	7	4	3	8	5	1
6	8	2	5	7	9	1	4	3
5	1	7	8	3	4	6	2	9
9	4	3	1	2	6	7	8	5

No. 48

8	5	9	7	3	4	1	2	6
1	4	2	5	8	6	3	9	7
3	7	6	9	2	1	8	4	5
4	1	5	6	9	3	2	7	8
2	6	3	4	7	8	5	1	9
7	9	8	1	5	2	6	3	4
9	8	1	3	4	5	7	6	2
5	3	4	2	6	7	9	8	1
6	2	7	8	1	9	4	5	3

No. 49

5	3	1	8	9	4	6	2	7
6	7	9	5	2	1	3	8	4
2	8	4	3	6	7	1	9	5
8	9	7	2	5	3	4	6	1
4	6	2	7	1	9	8	5	3
3	1	5	6	4	8	2	7	9
9	2	3	1	8	5	7	4	6
7	4	6	9	3	2	5	1	8
1	5	8	4	7	6	9	3	2

No. 50

1	5	9	6	7	4	3	2	8
6	2	3	5	1	8	7	9	4
4	8	7	2	3	9	6	5	1
7	6	4	1	9	3	2	8	5
5	3	1	7	8	2	9	4	6
2	9	8	4	6	5	1	3	7
8	7	2	9	4	6	5	1	3
9	4	6	3	5	1	8	7	2
3	1	5	8	2	7	4	6	9

No. 51

6	2	7	9	5	3	8	4	1
1	8	5	6	4	2	7	9	3
9	3	4	8	7	1	2	5	6
7	9	3	1	8	5	4	6	2
5	6	8	4	2	9	3	1	7
4	1	2	7	3	6	5	8	9
2	4	6	5	9	7	1	3	8
3	5	1	2	6	8	9	7	4
8	7	9	3	1	4	6	2	5

No. 52

4	2	5	8	1	9	3	6	7
6	3	8	2	4	7	5	1	9
1	7	9	3	6	5	2	4	8
9	6	3	1	5	8	4	7	2
2	5	4	6	7	3	9	8	1
7	8	1	9	2	4	6	5	3
5	1	6	7	3	2	8	9	4
3	9	7	4	8	6	1	2	5
8	4	2	5	9	1	7	3	6

No. 53

1	4	9	3	8	7	6	2	5
6	7	5	2	4	1	3	8	9
8	2	3	9	6	5	7	4	1
4	9	1	5	3	6	8	7	2
2	6	7	8	1	9	5	3	4
5	3	8	7	2	4	9	1	6
9	1	6	4	7	3	2	5	8
7	5	2	1	9	8	4	6	3
3	8	4	6	5	2	1	9	7

No. 54

5	3	8	6	4	7	9	1	2
1	7	2	9	5	8	4	6	3
4	9	6	3	1	2	5	8	7
7	2	9	5	6	3	8	4	1
3	4	1	8	7	9	2	5	6
8	6	5	1	2	4	3	7	9
6	1	3	2	8	5	7	9	4
9	5	7	4	3	6	1	2	8
2	8	4	7	9	1	6	3	5

No. 55

7	2	9	8	3	1	5	4	6
1	5	6	2	7	4	9	8	3
3	8	4	9	5	6	2	1	7
4	7	2	3	9	8	1	6	5
5	6	3	4	1	2	8	7	9
8	9	1	5	6	7	3	2	4
9	1	8	6	4	5	7	3	2
2	4	5	7	8	3	6	9	1
6	3	7	1	2	9	4	5	8

No. 56

6	9	7	8	5	1	4	3	2
8	1	2	7	4	3	5	6	9
5	3	4	2	9	6	1	8	7
7	6	1	9	3	2	8	5	4
2	8	3	4	1	5	9	7	6
4	5	9	6	7	8	3	2	1
1	4	6	3	8	7	2	9	5
3	2	5	1	6	9	7	4	8
9	7	8	5	2	4	6	1	3

No. 57

5	4	8	3	7	1	9	2	6
6	9	3	5	2	8	7	1	4
1	7	2	6	4	9	5	8	3
3	2	7	4	8	5	6	9	1
9	8	6	2	1	7	4	3	5
4	1	5	9	6	3	2	7	8
8	6	1	7	9	4	3	5	2
2	5	9	8	3	6	1	4	7
7	3	4	1	5	2	8	6	9

No. 58

2	6	7	4	3	8	9	5	1
9	3	4	1	6	5	2	7	8
8	1	5	2	9	7	6	4	3
5	7	6	8	2	3	4	1	9
4	8	2	5	1	9	3	6	7
1	9	3	7	4	6	5	8	2
7	2	8	9	5	4	1	3	6
6	5	9	3	8	1	7	2	4
3	4	1	6	7	2	8	9	5

No. 59

4	8	7	1	3	5	6	9	2
3	6	5	2	4	9	1	7	8
1	2	9	6	7	8	4	3	5
9	5	3	4	6	7	2	8	1
6	7	4	8	2	1	9	5	3
8	1	2	5	9	3	7	6	4
2	9	1	3	5	6	8	4	7
7	3	8	9	1	4	5	2	6
5	4	6	7	8	2	3	1	9

No. 60

2	5	9	8	6	4	1	3	7
4	7	8	2	3	1	5	9	6
3	6	1	5	7	9	8	4	2
8	9	5	7	4	2	6	1	3
1	4	6	3	8	5	2	7	9
7	3	2	1	9	6	4	8	5
5	2	3	4	1	7	9	6	8
9	1	7	6	5	8	3	2	4
6	8	4	9	2	3	7	5	1

No. 61

2	7	9	5	3	1	8	4	6
8	4	5	2	6	9	7	1	3
3	1	6	7	8	4	2	5	9
6	9	2	8	4	7	1	3	5
5	8	7	1	9	3	4	6	2
4	3	1	6	2	5	9	8	7
9	5	8	3	1	2	6	7	4
1	2	3	4	7	6	5	9	8
7	6	4	9	5	8	3	2	1

No. 62

1	4	7	8	3	2	9	5	6
9	3	5	7	6	1	8	2	4
6	2	8	4	9	5	7	3	1
2	1	9	5	4	7	3	6	8
3	7	6	2	8	9	4	1	5
5	8	4	6	1	3	2	7	9
4	5	2	1	7	8	6	9	3
8	9	1	3	2	6	5	4	7
7	6	3	9	5	4	1	8	2

No. 63

1	5	4	3	8	7	2	6	9
3	9	7	1	6	2	5	4	8
8	2	6	9	5	4	3	1	7
4	8	5	6	7	1	9	3	2
6	1	9	2	3	5	8	7	4
7	3	2	4	9	8	1	5	6
5	6	8	7	2	3	4	9	1
9	4	3	8	1	6	7	2	5
2	7	1	5	4	9	6	8	3

No. 64

9	2	1	3	6	4	5	8	7
8	4	3	2	7	5	1	6	9
7	5	6	9	8	1	3	2	4
6	9	4	1	3	8	7	5	2
3	7	8	5	4	2	9	1	6
2	1	5	7	9	6	4	3	8
4	3	2	6	1	9	8	7	5
5	8	7	4	2	3	6	9	1
1	6	9	8	5	7	2	4	3

No. 65

1	4	7	5	9	8	2	3	6
6	8	2	1	7	3	5	9	4
9	3	5	2	4	6	1	7	8
4	1	9	3	6	2	7	8	5
7	5	6	9	8	1	4	2	3
8	2	3	4	5	7	6	1	9
5	7	4	8	2	9	3	6	1
3	6	8	7	1	4	9	5	2
2	9	1	6	3	5	8	4	7

No. 66

7	6	2	1	8	3	4	9	5
5	9	3	2	7	4	8	1	6
8	4	1	5	9	6	2	7	3
2	5	6	7	3	8	9	4	1
1	3	8	9	4	2	5	6	7
9	7	4	6	1	5	3	2	8
3	2	5	4	6	7	1	8	9
4	1	7	8	5	9	6	3	2
6	8	9	3	2	1	7	5	4

No. 67

5	3	2	4	9	7	8	6	1
8	4	9	2	6	1	5	7	3
6	1	7	8	3	5	9	2	4
7	8	3	5	2	4	6	1	9
9	2	6	1	7	3	4	8	5
4	5	1	9	8	6	7	3	2
2	9	5	6	1	8	3	4	7
3	6	4	7	5	2	1	9	8
1	7	8	3	4	9	2	5	6

No. 68

8	1	7	6	5	4	3	2	9
9	4	2	8	3	1	7	6	5
5	6	3	2	7	9	8	4	1
2	8	6	9	1	5	4	3	7
3	5	4	7	6	2	1	9	8
7	9	1	3	4	8	6	5	2
4	2	5	1	8	6	9	7	3
6	7	8	5	9	3	2	1	4
1	3	9	4	2	7	5	8	6

No. 69

9	2	7	5	4	6	8	1	3
5	6	3	1	8	2	4	7	9
1	4	8	7	3	9	5	2	6
7	9	5	3	1	8	2	6	4
4	8	6	9	2	7	1	3	5
2	3	1	4	6	5	9	8	7
6	1	9	8	5	3	7	4	2
3	7	4	2	9	1	6	5	8
8	5	2	6	7	4	3	9	1

No. 70

3	6	7	9	8	2	5	1	4
4	1	9	6	3	5	8	7	2
2	8	5	1	4	7	3	6	9
8	4	1	5	6	3	9	2	7
7	9	6	4	2	8	1	5	3
5	2	3	7	1	9	6	4	8
6	7	8	2	9	1	4	3	5
9	5	4	3	7	6	2	8	1
1	3	2	8	5	4	7	9	6

No. 71

9	3	5	6	1	7	2	4	8
6	4	1	5	8	2	3	7	9
2	8	7	9	3	4	1	5	6
3	5	2	8	4	9	7	6	1
7	6	9	3	5	1	4	8	2
8	1	4	7	2	6	5	9	3
1	9	3	4	7	8	6	2	5
4	2	8	1	6	5	9	3	7
5	7	6	2	9	3	8	1	4

No. 72

2	1	8	5	6	3	4	9	7
7	6	5	4	2	9	3	1	8
3	9	4	1	8	7	6	5	2
8	3	9	2	1	5	7	4	6
1	4	2	7	9	6	5	8	3
6	5	7	3	4	8	1	2	9
5	8	6	9	7	1	2	3	4
9	2	3	6	5	4	8	7	1
4	7	1	8	3	2	9	6	5

No. 73

4	7	9	6	2	5	1	8	3
6	8	2	1	3	7	9	4	5
3	1	5	8	4	9	2	6	7
1	5	7	3	8	4	6	2	9
8	2	4	9	7	6	5	3	1
9	6	3	5	1	2	8	7	4
7	9	6	2	5	3	4	1	8
5	4	8	7	6	1	3	9	2
2	3	1	4	9	8	7	5	6

No. 74

9	6	4	3	5	1	7	8	2
3	5	2	7	9	8	1	4	6
1	8	7	6	2	4	5	9	3
4	9	6	8	7	2	3	5	1
5	2	1	9	4	3	6	7	8
7	3	8	1	6	5	4	2	9
8	4	3	5	1	9	2	6	7
2	7	9	4	3	6	8	1	5
6	1	5	2	8	7	9	3	4

No. 75

3	2	1	6	7	4	8	5	9
4	7	5	9	8	1	3	2	6
9	8	6	5	2	3	7	1	4
2	5	3	8	6	7	4	9	1
6	1	4	3	5	9	2	8	7
8	9	7	4	1	2	6	3	5
1	6	2	7	9	8	5	4	3
7	3	8	1	4	5	9	6	2
5	4	9	2	3	6	1	7	8

No. 76

1	9	3	8	4	6	7	2	5
5	6	8	2	7	9	3	1	4
2	7	4	5	3	1	8	6	9
9	3	5	6	1	4	2	8	7
7	2	6	3	8	5	4	9	1
8	4	1	7	9	2	6	5	3
4	8	2	1	5	3	9	7	6
3	1	7	9	6	8	5	4	2
6	5	9	4	2	7	1	3	8

No. 77

6	4	5	2	1	3	7	8	9
3	8	2	9	4	7	1	6	5
7	9	1	6	5	8	3	2	4
1	3	8	5	2	9	6	4	7
9	5	6	4	7	1	2	3	8
2	7	4	8	3	6	5	9	1
8	2	9	1	6	5	4	7	3
4	1	7	3	9	2	8	5	6
5	6	3	7	8	4	9	1	2

No. 78

2	8	5	3	9	4	7	6	1
3	7	9	1	8	6	5	2	4
4	1	6	7	2	5	3	9	8
5	4	8	2	3	9	1	7	6
6	3	1	4	7	8	2	5	9
9	2	7	5	6	1	4	8	3
1	9	2	8	5	3	6	4	7
8	5	4	6	1	7	9	3	2
7	6	3	9	4	2	8	1	5

No. 79

7	8	6	9	2	1	3	4	5
1	4	9	5	6	3	7	2	8
3	2	5	8	7	4	6	9	1
5	6	7	4	1	9	2	8	3
8	3	4	7	5	2	1	6	9
2	9	1	6	3	8	4	5	7
9	7	2	3	4	5	8	1	6
4	5	3	1	8	6	9	7	2
6	1	8	2	9	7	5	3	4

No. 80

3	7	9	2	8	4	5	6	1
8	2	1	5	9	6	3	7	4
5	6	4	1	3	7	2	9	8
4	9	2	6	5	1	8	3	7
6	3	5	7	4	8	1	2	9
1	8	7	9	2	3	4	5	6
7	5	6	8	1	2	9	4	3
9	4	8	3	7	5	6	1	2
2	1	3	4	6	9	7	8	5

No. 81

4	6	3	1	8	5	2	9	7
7	1	5	3	9	2	4	6	8
8	2	9	7	4	6	5	1	3
2	3	8	6	7	1	9	5	4
1	5	4	9	2	8	7	3	6
6	9	7	5	3	4	8	2	1
3	4	2	8	6	9	1	7	5
5	8	6	2	1	7	3	4	9
9	7	1	4	5	3	6	8	2

No. 82

5	4	1	2	6	7	3	9	8
7	3	9	8	4	1	6	2	5
6	2	8	5	3	9	7	4	1
1	7	2	4	9	5	8	3	6
9	5	4	6	8	3	1	7	2
3	8	6	7	1	2	9	5	4
8	6	7	3	2	4	5	1	9
2	1	5	9	7	8	4	6	3
4	9	3	1	5	6	2	8	7

No. 83

2	4	9	1	8	6	3	5	7
8	3	7	5	4	2	9	1	6
6	1	5	9	3	7	8	2	4
7	9	2	4	6	3	5	8	1
4	6	3	8	1	5	2	7	9
1	5	8	2	7	9	6	4	3
5	7	4	6	9	8	1	3	2
9	2	1	3	5	4	7	6	8
3	8	6	7	2	1	4	9	5

No. 84

1	4	8	5	6	9	3	7	2
2	5	6	7	4	3	8	9	1
7	9	3	1	2	8	6	5	4
5	2	4	9	8	6	1	3	7
3	6	9	2	1	7	4	8	5
8	1	7	4	3	5	2	6	9
9	3	1	6	5	4	7	2	8
6	7	2	8	9	1	5	4	3
4	8	5	3	7	2	9	1	6

No. 85

3	7	8	1	5	6	9	2	4
2	5	4	9	8	7	1	3	6
6	9	1	4	2	3	5	7	8
8	3	7	6	9	2	4	1	5
5	4	6	3	1	8	2	9	7
9	1	2	5	7	4	6	8	3
4	2	9	8	3	5	7	6	1
7	8	5	2	6	1	3	4	9
1	6	3	7	4	9	8	5	2

No. 86

7	1	8	4	3	6	5	9	2
9	5	3	1	8	2	7	4	6
4	2	6	9	5	7	3	1	8
8	3	4	6	9	1	2	5	7
1	9	2	5	7	3	6	8	4
6	7	5	2	4	8	1	3	9
2	6	9	8	1	5	4	7	3
5	4	7	3	6	9	8	2	1
3	8	1	7	2	4	9	6	5

No. 87

4	9	7	5	2	8	6	3	1
6	3	8	1	4	9	7	2	5
2	1	5	6	3	7	8	4	9
8	5	3	4	7	6	9	1	2
7	6	2	9	1	3	4	5	8
1	4	9	2	8	5	3	7	6
9	7	6	3	5	2	1	8	4
5	8	1	7	9	4	2	6	3
3	2	4	8	6	1	5	9	7

No. 88

5	3	9	1	8	7	2	6	4
7	4	2	6	9	3	8	1	5
6	8	1	4	2	5	3	9	7
8	2	7	5	4	1	6	3	9
1	6	3	8	7	9	4	5	2
9	5	4	2	3	6	1	7	8
3	9	8	7	6	4	5	2	1
4	1	6	9	5	2	7	8	3
2	7	5	3	1	8	9	4	6

No. 89

7	9	8	5	3	4	2	1	6
3	2	1	7	6	8	5	4	9
6	4	5	1	9	2	3	8	7
1	5	4	2	7	6	8	9	3
9	7	6	4	8	3	1	5	2
8	3	2	9	1	5	7	6	4
5	1	7	3	4	9	6	2	8
2	6	9	8	5	7	4	3	1
4	8	3	6	2	1	9	7	5

No. 90

6	1	9	5	4	2	3	7	8
7	8	5	1	3	6	4	2	9
4	3	2	9	8	7	1	6	5
2	4	3	8	6	9	7	5	1
8	9	7	2	5	1	6	4	3
5	6	1	3	7	4	9	8	2
3	2	4	7	1	8	5	9	6
9	5	6	4	2	3	8	1	7
1	7	8	6	9	5	2	3	4

No. 91

1	4	8	3	6	5	7	2	9
6	5	9	2	7	8	1	4	3
7	2	3	4	9	1	8	6	5
3	9	1	6	2	7	5	8	4
2	8	5	9	1	4	3	7	6
4	7	6	5	8	3	2	9	1
5	3	2	8	4	6	9	1	7
8	1	4	7	5	9	6	3	2
9	6	7	1	3	2	4	5	8

No. 92

4	9	8	5	1	2	6	7	3
3	2	7	9	6	8	1	4	5
5	1	6	4	3	7	2	8	9
2	5	3	7	4	9	8	1	6
1	8	4	3	2	6	5	9	7
6	7	9	8	5	1	4	3	2
9	4	1	2	7	5	3	6	8
7	3	2	6	8	4	9	5	1
8	6	5	1	9	3	7	2	4

No. 93

4	8	7	6	2	5	1	3	9
3	6	5	9	1	8	4	2	7
1	2	9	3	4	7	8	6	5
7	3	8	2	6	9	5	4	1
2	5	6	4	7	1	9	8	3
9	4	1	8	5	3	6	7	2
5	7	3	1	8	6	2	9	4
6	1	4	7	9	2	3	5	8
8	9	2	5	3	4	7	1	6

No. 94

3	5	2	9	1	7	4	6	8
4	9	7	6	5	8	1	3	2
1	8	6	4	2	3	5	9	7
2	7	4	1	3	5	9	8	6
9	3	1	2	8	6	7	5	4
8	6	5	7	9	4	3	2	1
6	1	8	3	7	9	2	4	5
7	4	9	5	6	2	8	1	3
5	2	3	8	4	1	6	7	9

No. 95

1	3	2	4	6	9	5	8	7
4	5	9	7	3	8	6	1	2
7	6	8	5	2	1	9	4	3
6	9	7	8	5	4	2	3	1
8	1	3	2	9	6	7	5	4
5	2	4	3	1	7	8	9	6
3	4	6	9	8	2	1	7	5
9	7	1	6	4	5	3	2	8
2	8	5	1	7	3	4	6	9

No. 96

9	4	5	2	7	8	3	1	6
2	7	6	1	3	5	9	8	4
8	3	1	6	4	9	2	5	7
7	6	8	9	1	2	4	3	5
4	1	9	7	5	3	8	6	2
3	5	2	8	6	4	1	7	9
6	9	3	4	8	7	5	2	1
1	8	4	5	2	6	7	9	3
5	2	7	3	9	1	6	4	8

No. 97

3	5	1	7	8	2	9	4	6
8	4	2	6	9	3	5	7	1
6	9	7	5	4	1	3	8	2
9	1	8	2	7	4	6	5	3
2	7	4	3	6	5	8	1	9
5	3	6	9	1	8	4	2	7
7	2	5	4	3	9	1	6	8
1	6	9	8	5	7	2	3	4
4	8	3	1	2	6	7	9	5

No. 98

2	6	4	9	5	3	7	8	1
5	8	9	6	7	1	4	3	2
3	1	7	4	2	8	6	5	9
7	3	2	5	4	6	1	9	8
4	9	1	3	8	2	5	7	6
6	5	8	7	1	9	2	4	3
1	2	5	8	9	4	3	6	7
9	4	3	1	6	7	8	2	5
8	7	6	2	3	5	9	1	4

No. 99

8	9	3	6	1	4	2	5	7
6	1	4	7	2	5	8	9	3
2	7	5	9	8	3	4	6	1
7	3	1	4	9	8	5	2	6
5	4	6	2	3	1	9	7	8
9	8	2	5	7	6	1	3	4
4	2	9	8	6	7	3	1	5
3	6	8	1	5	9	7	4	2
1	5	7	3	4	2	6	8	9

No. 100

2	1	6	9	3	4	8	5	7
3	8	5	1	2	7	4	9	6
7	9	4	6	5	8	1	3	2
1	7	3	2	6	9	5	8	4
8	6	9	5	4	1	2	7	3
4	5	2	7	8	3	6	1	9
5	4	1	3	7	6	9	2	8
6	2	7	8	9	5	3	4	1
9	3	8	4	1	2	7	6	5

No. 101

1	8	9	2	7	4	6	3	5
2	4	5	3	6	9	7	1	8
3	6	7	5	1	8	2	4	9
6	9	2	4	8	5	1	7	3
5	3	1	6	2	7	9	8	4
8	7	4	9	3	1	5	2	6
4	1	6	8	9	2	3	5	7
7	5	3	1	4	6	8	9	2
9	2	8	7	5	3	4	6	1

No. 102

9	7	1	4	5	3	2	6	8
5	2	6	9	7	8	3	4	1
8	4	3	6	2	1	7	5	9
3	5	4	2	9	6	8	1	7
7	1	8	5	3	4	9	2	6
2	6	9	1	8	7	4	3	5
6	3	2	8	1	9	5	7	4
4	8	7	3	6	5	1	9	2
1	9	5	7	4	2	6	8	3

No. 103

3	5	9	7	8	4	1	6	2
4	2	6	9	5	1	7	3	8
8	1	7	2	3	6	4	5	9
9	7	2	5	1	3	8	4	6
5	8	3	4	6	9	2	1	7
1	6	4	8	2	7	3	9	5
6	4	5	3	7	8	9	2	1
2	9	8	1	4	5	6	7	3
7	3	1	6	9	2	5	8	4

No. 104

1	3	9	4	8	2	5	6	7
6	2	8	9	7	5	3	1	4
4	7	5	6	1	3	2	9	8
5	4	3	7	9	1	6	8	2
7	6	2	3	4	8	1	5	9
8	9	1	2	5	6	4	7	3
3	5	7	1	2	9	8	4	6
9	8	6	5	3	4	7	2	1
2	1	4	8	6	7	9	3	5

No. 105

6	4	1	9	5	8	7	3	2
3	5	2	7	4	6	8	1	9
9	7	8	2	3	1	4	6	5
4	9	7	3	8	5	6	2	1
5	2	3	6	1	7	9	4	8
1	8	6	4	9	2	3	5	7
7	1	5	8	6	4	2	9	3
8	3	4	5	2	9	1	7	6
2	6	9	1	7	3	5	8	4

No. 106

7	1	5	9	4	8	3	2	6
6	9	4	3	2	5	8	7	1
8	2	3	1	7	6	9	4	5
3	7	1	4	8	9	5	6	2
2	5	9	7	6	1	4	3	8
4	8	6	5	3	2	1	9	7
1	6	2	8	9	3	7	5	4
9	4	8	2	5	7	6	1	3
5	3	7	6	1	4	2	8	9

No. 107

4	8	2	1	5	6	7	9	3
3	7	5	9	2	8	1	4	6
1	9	6	3	7	4	8	2	5
6	4	3	2	1	7	5	8	9
7	5	1	8	6	9	4	3	2
9	2	8	5	4	3	6	1	7
8	6	9	7	3	1	2	5	4
2	1	7	4	9	5	3	6	8
5	3	4	6	8	2	9	7	1

No. 108

8	5	6	3	1	7	2	4	9
7	4	9	6	8	2	5	3	1
2	3	1	4	9	5	6	8	7
9	2	8	7	4	6	1	5	3
5	6	3	8	2	1	9	7	4
1	7	4	5	3	9	8	2	6
6	1	5	2	7	3	4	9	8
4	9	7	1	5	8	3	6	2
3	8	2	9	6	4	7	1	5

No. 109

5	6	9	4	8	2	1	7	3
8	2	4	3	7	1	5	9	6
7	3	1	9	5	6	4	2	8
6	9	8	7	1	5	2	3	4
3	4	7	6	2	9	8	1	5
2	1	5	8	3	4	7	6	9
4	7	6	1	9	8	3	5	2
9	5	3	2	4	7	6	8	1
1	8	2	5	6	3	9	4	7

No. 110

2	4	8	6	5	7	1	9	3
1	7	9	3	4	2	8	6	5
3	5	6	9	8	1	7	4	2
9	8	1	5	2	6	3	7	4
5	6	4	8	7	3	2	1	9
7	2	3	4	1	9	5	8	6
6	1	7	2	9	5	4	3	8
8	3	5	7	6	4	9	2	1
4	9	2	1	3	8	6	5	7

No. 111

6	7	1	9	8	5	3	2	4
5	4	2	6	7	3	1	9	8
9	8	3	4	1	2	7	6	5
3	5	7	2	4	6	8	1	9
8	6	4	1	9	7	5	3	2
2	1	9	5	3	8	4	7	6
4	2	8	7	6	1	9	5	3
7	3	5	8	2	9	6	4	1
1	9	6	3	5	4	2	8	7

No. 112

5	7	2	6	3	9	4	1	8
1	9	4	5	8	7	3	2	6
8	3	6	2	1	4	9	7	5
2	6	8	7	9	3	5	4	1
9	1	3	4	5	2	6	8	7
4	5	7	1	6	8	2	3	9
3	4	1	9	7	5	8	6	2
7	2	5	8	4	6	1	9	3
6	8	9	3	2	1	7	5	4

No. 113

4	7	2	6	5	3	1	8	9
3	1	5	9	8	7	4	6	2
8	9	6	2	4	1	7	3	5
6	8	3	4	7	9	2	5	1
1	5	9	8	3	2	6	7	4
7	2	4	5	1	6	8	9	3
2	6	8	3	9	4	5	1	7
5	3	7	1	2	8	9	4	6
9	4	1	7	6	5	3	2	8

No. 114

8	1	4	6	2	7	3	9	5
5	9	6	3	8	4	1	7	2
7	2	3	5	1	9	4	8	6
3	6	9	7	5	8	2	1	4
4	8	1	9	3	2	5	6	7
2	7	5	1	4	6	9	3	8
6	4	7	2	9	3	8	5	1
9	5	8	4	7	1	6	2	3
1	3	2	8	6	5	7	4	9

No. 115

7	5	1	2	6	9	3	4	8
8	2	6	4	3	1	5	9	7
3	4	9	8	5	7	6	2	1
6	1	7	3	4	5	2	8	9
5	3	8	7	9	2	4	1	6
2	9	4	6	1	8	7	5	3
9	6	2	1	7	4	8	3	5
4	7	5	9	8	3	1	6	2
1	8	3	5	2	6	9	7	4

No. 116

4	1	6	3	8	5	7	2	9
8	9	7	2	4	1	3	6	5
2	3	5	6	9	7	8	4	1
3	8	1	7	5	6	2	9	4
5	7	2	4	1	9	6	3	8
6	4	9	8	3	2	1	5	7
9	2	4	1	6	8	5	7	3
1	6	3	5	7	4	9	8	2
7	5	8	9	2	3	4	1	6

No. 117

3	7	9	6	1	8	2	4	5
2	6	1	4	7	5	3	9	8
8	4	5	2	3	9	7	1	6
1	3	7	9	6	2	8	5	4
5	2	4	1	8	3	9	6	7
6	9	8	5	4	7	1	2	3
7	1	6	3	9	4	5	8	2
4	8	2	7	5	1	6	3	9
9	5	3	8	2	6	4	7	1

No. 118

9	2	5	6	3	8	1	7	4
7	6	3	4	9	1	8	2	5
8	1	4	2	5	7	3	9	6
3	7	9	8	2	5	4	6	1
4	8	1	7	6	3	2	5	9
2	5	6	9	1	4	7	8	3
1	9	2	3	8	6	5	4	7
6	3	7	5	4	2	9	1	8
5	4	8	1	7	9	6	3	2

No. 119

6	1	2	4	9	3	8	7	5
5	7	9	2	8	1	6	4	3
4	8	3	5	7	6	1	9	2
8	5	1	9	3	4	7	2	6
2	6	4	7	1	5	3	8	9
3	9	7	6	2	8	5	1	4
1	4	8	3	6	2	9	5	7
9	2	6	8	5	7	4	3	1
7	3	5	1	4	9	2	6	8

No. 120

6	8	2	4	1	9	7	3	5
5	3	9	7	6	2	4	8	1
4	1	7	3	5	8	9	6	2
7	4	5	2	9	3	8	1	6
2	9	3	1	8	6	5	4	7
8	6	1	5	7	4	2	9	3
9	7	8	6	3	5	1	2	4
1	2	6	8	4	7	3	5	9
3	5	4	9	2	1	6	7	8

No. 121

8	6	1	5	4	3	7	9	2
7	4	5	8	2	9	6	3	1
3	2	9	6	1	7	4	8	5
1	8	3	9	5	4	2	6	7
6	5	7	1	8	2	9	4	3
4	9	2	3	7	6	5	1	8
5	7	6	4	3	1	8	2	9
9	1	8	2	6	5	3	7	4
2	3	4	7	9	8	1	5	6

No. 122

1	4	3	9	6	5	8	2	7
5	7	2	1	4	8	3	9	6
9	8	6	2	7	3	1	4	5
2	6	5	8	9	1	4	7	3
3	9	4	6	5	7	2	8	1
8	1	7	4	3	2	5	6	9
4	3	1	7	8	9	6	5	2
7	2	8	5	1	6	9	3	4
6	5	9	3	2	4	7	1	8

No. 123

4	3	2	9	8	7	1	6	5
5	7	8	6	1	2	4	9	3
6	1	9	5	4	3	2	7	8
8	9	7	3	2	5	6	4	1
3	5	1	4	6	9	7	8	2
2	6	4	1	7	8	5	3	9
7	8	6	2	9	1	3	5	4
1	4	3	8	5	6	9	2	7
9	2	5	7	3	4	8	1	6

No. 124

8	5	1	9	3	6	7	4	2
9	3	2	8	7	4	1	5	6
4	7	6	1	2	5	8	9	3
5	9	7	2	6	8	3	1	4
1	2	8	5	4	3	9	6	7
6	4	3	7	1	9	2	8	5
2	8	9	6	5	7	4	3	1
3	1	5	4	9	2	6	7	8
7	6	4	3	8	1	5	2	9

No. 125

5	9	4	1	8	7	6	2	3
3	7	2	5	9	6	8	1	4
6	1	8	3	2	4	7	9	5
7	5	3	8	1	9	2	4	6
4	8	1	6	7	2	3	5	9
2	6	9	4	3	5	1	7	8
9	4	7	2	6	3	5	8	1
1	3	5	7	4	8	9	6	2
8	2	6	9	5	1	4	3	7

No. 126

8	9	4	2	1	7	5	3	6
7	6	3	9	8	5	2	4	1
1	2	5	3	4	6	9	7	8
5	4	9	8	6	3	7	1	2
2	3	8	1	7	9	4	6	5
6	7	1	4	5	2	3	8	9
4	5	7	6	9	8	1	2	3
3	1	6	5	2	4	8	9	7
9	8	2	7	3	1	6	5	4

No. 127

5	6	7	8	4	9	3	2	1
9	2	8	3	6	1	4	7	5
4	3	1	7	5	2	8	9	6
8	9	4	5	2	6	1	3	7
2	1	5	4	3	7	6	8	9
6	7	3	9	1	8	5	4	2
7	5	9	6	8	3	2	1	4
1	8	6	2	9	4	7	5	3
3	4	2	1	7	5	9	6	8

No. 128

8	7	9	4	3	2	6	1	5
6	4	3	5	1	9	8	7	2
5	1	2	7	6	8	9	3	4
7	2	5	6	4	1	3	9	8
1	3	8	9	2	5	4	6	7
9	6	4	3	8	7	2	5	1
3	9	1	8	5	4	7	2	6
2	8	7	1	9	6	5	4	3
4	5	6	2	7	3	1	8	9

No. 129

1	2	4	9	5	6	7	8	3
7	9	8	4	3	2	1	5	6
5	6	3	7	1	8	9	4	2
3	7	1	6	8	4	2	9	5
2	5	9	1	7	3	8	6	4
8	4	6	2	9	5	3	7	1
4	1	7	5	2	9	6	3	8
6	3	2	8	4	7	5	1	9
9	8	5	3	6	1	4	2	7

No. 130

3	7	9	6	5	1	8	2	4
1	6	2	8	9	4	7	5	3
4	8	5	3	7	2	6	9	1
2	5	1	9	4	8	3	7	6
6	4	3	7	1	5	9	8	2
8	9	7	2	6	3	4	1	5
7	3	8	1	2	6	5	4	9
5	2	6	4	8	9	1	3	7
9	1	4	5	3	7	2	6	8

No. 131

1	6	4	7	5	8	3	9	2
8	9	2	1	4	3	5	7	6
7	3	5	2	9	6	4	8	1
2	8	7	3	6	9	1	5	4
6	5	1	8	2	4	7	3	9
3	4	9	5	1	7	6	2	8
4	7	6	9	8	5	2	1	3
9	2	3	6	7	1	8	4	5
5	1	8	4	3	2	9	6	7

No. 132

3	2	6	9	5	7	4	1	8
5	8	7	2	4	1	9	6	3
9	1	4	3	6	8	5	2	7
7	3	8	1	9	2	6	5	4
1	4	2	6	8	5	7	3	9
6	5	9	4	7	3	1	8	2
8	6	1	7	3	4	2	9	5
4	9	3	5	2	6	8	7	1
2	7	5	8	1	9	3	4	6

No. 133

5	7	8	4	2	6	9	1	3
1	6	9	7	3	5	2	8	4
2	4	3	9	8	1	7	5	6
9	1	7	5	4	8	6	3	2
8	2	4	6	1	3	5	9	7
3	5	6	2	7	9	1	4	8
7	3	5	8	9	2	4	6	1
4	9	1	3	6	7	8	2	5
6	8	2	1	5	4	3	7	9

No. 134

5	3	1	4	2	6	8	9	7
4	2	7	9	8	1	3	5	6
6	8	9	7	5	3	1	4	2
8	7	6	5	1	9	2	3	4
9	1	4	2	3	7	6	8	5
2	5	3	6	4	8	7	1	9
1	9	5	3	6	2	4	7	8
7	6	8	1	9	4	5	2	3
3	4	2	8	7	5	9	6	1

No. 135

9	2	8	3	7	6	4	5	1
1	3	6	4	5	2	8	7	9
5	7	4	1	9	8	2	6	3
7	4	2	9	8	5	1	3	6
3	5	9	6	1	4	7	2	8
6	8	1	2	3	7	5	9	4
2	6	5	8	4	3	9	1	7
4	1	3	7	2	9	6	8	5
8	9	7	5	6	1	3	4	2

No. 136

3	6	8	4	9	7	2	5	1
7	2	4	3	5	1	9	6	8
9	1	5	8	2	6	3	7	4
5	7	9	2	4	3	1	8	6
2	3	6	7	1	8	5	4	9
8	4	1	5	6	9	7	2	3
6	9	2	1	7	4	8	3	5
4	5	3	9	8	2	6	1	7
1	8	7	6	3	5	4	9	2

No. 137

2	8	6	9	5	7	1	3	4
3	4	1	2	6	8	7	9	5
9	7	5	3	4	1	2	8	6
1	9	7	8	2	4	5	6	3
6	3	8	1	9	5	4	7	2
4	5	2	7	3	6	9	1	8
5	2	3	6	1	9	8	4	7
7	6	9	4	8	2	3	5	1
8	1	4	5	7	3	6	2	9

No. 138

5	3	9	8	6	1	2	7	4
7	4	8	9	3	2	6	5	1
2	6	1	5	7	4	9	3	8
9	5	3	7	4	8	1	2	6
1	8	6	3	2	5	4	9	7
4	2	7	6	1	9	3	8	5
3	7	4	2	5	6	8	1	9
6	9	2	1	8	7	5	4	3
8	1	5	4	9	3	7	6	2

No. 139

3	5	7	4	1	9	6	2	8
6	1	8	7	2	3	5	9	4
4	2	9	5	6	8	7	1	3
8	9	6	1	7	5	3	4	2
7	4	2	8	3	6	9	5	1
1	3	5	2	9	4	8	7	6
2	6	4	9	8	7	1	3	5
9	8	1	3	5	2	4	6	7
5	7	3	6	4	1	2	8	9

No. 140

8	6	2	9	4	5	7	1	3
3	1	9	2	8	7	5	4	6
5	7	4	6	1	3	9	2	8
9	2	1	7	3	4	6	8	5
7	3	5	8	6	2	4	9	1
4	8	6	5	9	1	3	7	2
6	9	3	1	7	8	2	5	4
1	5	7	4	2	6	8	3	9
2	4	8	3	5	9	1	6	7

No. 141

9	8	4	5	6	1	2	3	7
6	5	7	4	2	3	8	9	1
2	3	1	7	9	8	6	4	5
3	1	9	8	7	6	5	2	4
8	4	2	3	1	5	7	6	9
7	6	5	9	4	2	3	1	8
1	9	6	2	5	7	4	8	3
5	2	8	1	3	4	9	7	6
4	7	3	6	8	9	1	5	2

No. 142

5	1	8	3	9	6	4	7	2
2	4	3	7	1	5	8	9	6
9	6	7	4	8	2	3	5	1
1	9	4	5	2	8	7	6	3
8	7	2	9	6	3	5	1	4
6	3	5	1	4	7	2	8	9
3	8	6	2	7	9	1	4	5
4	5	9	8	3	1	6	2	7
7	2	1	6	5	4	9	3	8

No. 143

1	3	2	9	4	8	7	5	6
4	7	6	2	5	1	8	3	9
8	5	9	3	6	7	2	1	4
3	6	8	4	2	9	5	7	1
7	9	1	8	3	5	4	6	2
5	2	4	1	7	6	3	9	8
6	8	5	7	1	4	9	2	3
9	1	3	5	8	2	6	4	7
2	4	7	6	9	3	1	8	5

No. 144

4	7	5	1	6	9	8	2	3
8	1	9	2	4	3	7	5	6
3	2	6	8	7	5	9	4	1
7	6	1	3	2	4	5	8	9
9	3	2	6	5	8	1	7	4
5	8	4	9	1	7	6	3	2
2	9	8	7	3	6	4	1	5
6	4	3	5	8	1	2	9	7
1	5	7	4	9	2	3	6	8

No. 145

5	8	4	2	3	9	7	6	1
7	2	6	1	5	4	9	3	8
1	3	9	8	6	7	5	4	2
4	6	5	3	9	8	2	1	7
3	9	8	7	2	1	6	5	4
2	1	7	5	4	6	3	8	9
9	5	2	4	1	3	8	7	6
8	4	3	6	7	2	1	9	5
6	7	1	9	8	5	4	2	3

No. 146

9	4	8	1	5	3	2	6	7
1	3	6	2	4	7	9	8	5
2	5	7	9	8	6	4	3	1
5	2	9	8	3	1	7	4	6
8	7	3	6	2	4	5	1	9
4	6	1	5	7	9	8	2	3
3	8	2	7	6	5	1	9	4
6	1	5	4	9	8	3	7	2
7	9	4	3	1	2	6	5	8

No. 147

3	6	5	8	9	7	1	2	4
4	8	2	5	1	6	9	3	7
7	1	9	4	2	3	6	5	8
6	7	8	9	5	2	3	4	1
1	2	3	6	8	4	5	7	9
9	5	4	7	3	1	2	8	6
5	9	6	3	7	8	4	1	2
2	3	7	1	4	9	8	6	5
8	4	1	2	6	5	7	9	3

No. 148

3	1	5	2	7	4	9	8	6
9	4	7	8	6	1	3	2	5
2	6	8	5	9	3	4	1	7
7	9	1	6	3	8	5	4	2
6	5	4	9	2	7	8	3	1
8	2	3	4	1	5	6	7	9
4	7	9	1	8	6	2	5	3
5	3	6	7	4	2	1	9	8
1	8	2	3	5	9	7	6	4

No. 149

8	2	3	1	5	9	6	4	7
7	4	5	6	2	8	1	3	9
9	1	6	7	3	4	2	5	8
6	3	8	2	4	7	5	9	1
1	5	9	3	8	6	7	2	4
2	7	4	5	9	1	8	6	3
3	6	7	4	1	2	9	8	5
5	8	1	9	6	3	4	7	2
4	9	2	8	7	5	3	1	6

No. 150

2	5	4	9	1	8	3	7	6
6	9	3	4	5	7	2	1	8
8	7	1	6	3	2	4	9	5
9	8	5	3	2	4	7	6	1
4	3	6	1	7	9	5	8	2
7	1	2	5	8	6	9	4	3
5	4	8	2	9	1	6	3	7
1	2	9	7	6	3	8	5	4
3	6	7	8	4	5	1	2	9

No. 151

3	7	9	6	4	8	5	2	1
1	4	8	9	2	5	3	6	7
5	6	2	3	1	7	4	9	8
2	8	1	4	7	9	6	5	3
4	3	5	8	6	2	1	7	9
6	9	7	1	5	3	2	8	4
8	5	4	2	9	1	7	3	6
9	2	6	7	3	4	8	1	5
7	1	3	5	8	6	9	4	2

No. 152

3	9	7	5	4	6	1	8	2
5	4	8	1	7	2	6	9	3
2	6	1	8	9	3	7	5	4
6	1	3	4	8	5	2	7	9
9	7	5	3	2	1	4	6	8
4	8	2	9	6	7	3	1	5
7	3	6	2	5	9	8	4	1
8	2	9	7	1	4	5	3	6
1	5	4	6	3	8	9	2	7

No. 153

7	2	1	9	8	4	3	5	6
3	4	9	5	2	6	1	7	8
6	5	8	3	1	7	2	4	9
1	6	5	4	3	8	9	2	7
2	9	7	6	5	1	8	3	4
8	3	4	2	7	9	6	1	5
5	7	3	8	9	2	4	6	1
4	8	2	1	6	5	7	9	3
9	1	6	7	4	3	5	8	2

No. 154

4	8	3	2	1	9	7	6	5
5	7	1	8	4	6	2	3	9
6	9	2	5	3	7	4	8	1
9	1	7	6	8	2	3	5	4
2	4	6	3	7	5	1	9	8
8	3	5	4	9	1	6	2	7
7	2	4	9	6	8	5	1	3
3	6	9	1	5	4	8	7	2
1	5	8	7	2	3	9	4	6

No. 155

4	9	3	2	7	8	6	1	5
6	7	8	5	4	1	2	9	3
1	5	2	9	3	6	8	4	7
2	1	7	8	6	5	9	3	4
5	3	9	4	1	2	7	8	6
8	6	4	7	9	3	5	2	1
7	8	5	3	2	4	1	6	9
9	4	6	1	8	7	3	5	2
3	2	1	6	5	9	4	7	8

No. 156

6	7	3	8	5	1	9	4	2
5	1	8	9	4	2	7	6	3
2	9	4	7	3	6	1	8	5
3	8	1	6	9	5	2	7	4
9	2	7	4	1	8	3	5	6
4	6	5	2	7	3	8	9	1
7	3	9	5	2	4	6	1	8
1	5	6	3	8	7	4	2	9
8	4	2	1	6	9	5	3	7

No. 157

2	6	1	3	5	7	4	8	9
4	7	8	9	6	1	3	5	2
5	9	3	4	8	2	7	6	1
1	5	4	2	7	9	8	3	6
7	8	2	6	3	5	9	1	4
9	3	6	8	1	4	2	7	5
6	4	7	5	9	8	1	2	3
8	2	5	1	4	3	6	9	7
3	1	9	7	2	6	5	4	8

No. 158

1	7	2	5	8	9	6	4	3
8	4	6	3	7	2	9	1	5
9	3	5	4	1	6	7	2	8
3	5	9	2	6	4	1	8	7
4	8	1	7	9	5	2	3	6
6	2	7	8	3	1	4	5	9
7	6	3	1	4	8	5	9	2
2	9	4	6	5	3	8	7	1
5	1	8	9	2	7	3	6	4

No. 159

3	5	8	4	2	7	1	9	6
4	7	1	9	5	6	8	2	3
6	2	9	1	3	8	7	5	4
7	1	3	6	8	2	9	4	5
2	9	6	5	4	1	3	8	7
8	4	5	7	9	3	6	1	2
5	6	7	8	1	4	2	3	9
1	3	4	2	7	9	5	6	8
9	8	2	3	6	5	4	7	1

No. 160

3	4	8	5	9	6	2	1	7
9	7	1	2	8	4	5	3	6
6	2	5	3	7	1	4	8	9
5	9	3	1	6	2	7	4	8
4	8	7	9	5	3	1	6	2
2	1	6	7	4	8	3	9	5
1	3	9	6	2	5	8	7	4
7	5	4	8	3	9	6	2	1
8	6	2	4	1	7	9	5	3

No. 161

5	9	2	4	7	8	1	6	3
1	6	3	5	9	2	4	7	8
7	8	4	3	1	6	9	5	2
6	3	8	2	5	4	7	1	9
2	4	1	7	3	9	6	8	5
9	7	5	6	8	1	3	2	4
8	2	9	1	6	3	5	4	7
4	5	6	9	2	7	8	3	1
3	1	7	8	4	5	2	9	6

No. 162

1	8	4	7	3	9	6	2	5
5	9	3	6	4	2	7	8	1
7	2	6	8	5	1	3	9	4
6	7	9	1	2	3	5	4	8
8	5	2	4	6	7	9	1	3
4	3	1	5	9	8	2	6	7
9	4	7	3	8	6	1	5	2
3	6	8	2	1	5	4	7	9
2	1	5	9	7	4	8	3	6

No. 163

4	2	9	7	3	5	8	6	1
7	1	8	2	4	6	3	9	5
5	3	6	9	8	1	2	7	4
9	4	2	8	1	7	6	5	3
8	5	3	6	9	2	4	1	7
1	6	7	4	5	3	9	8	2
3	8	5	1	2	9	7	4	6
2	7	4	5	6	8	1	3	9
6	9	1	3	7	4	5	2	8

No. 164

7	6	8	3	4	2	9	5	1
1	2	4	5	9	6	7	8	3
3	9	5	7	1	8	6	4	2
2	5	3	1	6	9	4	7	8
9	4	1	8	7	5	2	3	6
6	8	7	4	2	3	1	9	5
5	1	9	2	3	4	8	6	7
8	7	6	9	5	1	3	2	4
4	3	2	6	8	7	5	1	9

No. 165

1	2	4	9	7	5	8	3	6
5	3	7	8	6	2	4	1	9
6	9	8	1	4	3	5	7	2
8	6	9	3	5	7	2	4	1
2	4	1	6	9	8	7	5	3
7	5	3	4	2	1	6	9	8
3	1	5	7	8	6	9	2	4
9	7	6	2	3	4	1	8	5
4	8	2	5	1	9	3	6	7

No. 166

7	3	1	2	8	9	5	4	6
9	8	2	5	4	6	7	1	3
6	4	5	7	1	3	9	8	2
2	9	4	6	3	5	8	7	1
1	6	8	4	7	2	3	9	5
3	5	7	8	9	1	6	2	4
5	2	9	1	6	8	4	3	7
4	1	3	9	5	7	2	6	8
8	7	6	3	2	4	1	5	9

No. 167

2	9	5	1	8	3	4	6	7
1	3	7	6	2	4	8	9	5
8	6	4	7	5	9	1	3	2
3	5	8	4	7	6	9	2	1
4	7	6	9	1	2	3	5	8
9	1	2	5	3	8	6	7	4
7	4	1	3	9	5	2	8	6
5	2	3	8	6	1	7	4	9
6	8	9	2	4	7	5	1	3

No. 168

4	1	6	9	8	5	2	3	7
9	2	5	3	4	7	1	6	8
8	3	7	6	1	2	4	9	5
5	6	8	7	9	1	3	2	4
3	7	1	2	5	4	6	8	9
2	9	4	8	3	6	7	5	1
1	4	2	5	6	8	9	7	3
7	5	9	1	2	3	8	4	6
6	8	3	4	7	9	5	1	2

No. 169

4	2	9	6	8	7	5	1	3
8	6	1	2	5	3	9	4	7
3	7	5	4	9	1	8	6	2
5	8	3	1	4	2	7	9	6
6	9	2	7	3	5	4	8	1
7	1	4	9	6	8	2	3	5
9	3	8	5	7	6	1	2	4
1	5	6	8	2	4	3	7	9
2	4	7	3	1	9	6	5	8

No. 170

5	4	1	2	9	6	8	7	3
9	2	3	4	8	7	5	1	6
8	7	6	3	1	5	9	4	2
1	9	5	7	6	4	3	2	8
3	6	4	8	5	2	1	9	7
7	8	2	1	3	9	6	5	4
2	3	9	6	7	1	4	8	5
4	5	8	9	2	3	7	6	1
6	1	7	5	4	8	2	3	9

No. 171

9	5	4	6	7	1	8	3	2
2	3	7	8	4	5	1	6	9
8	6	1	9	2	3	7	4	5
4	9	2	1	8	6	5	7	3
5	7	8	4	3	9	2	1	6
3	1	6	7	5	2	9	8	4
6	2	3	5	1	7	4	9	8
1	8	9	2	6	4	3	5	7
7	4	5	3	9	8	6	2	1

No. 172

4	5	9	8	2	6	7	3	1
6	3	1	5	7	4	8	2	9
2	8	7	1	9	3	5	4	6
8	4	6	3	1	2	9	7	5
7	2	3	9	8	5	1	6	4
1	9	5	4	6	7	2	8	3
3	7	2	6	5	9	4	1	8
5	1	4	7	3	8	6	9	2
9	6	8	2	4	1	3	5	7

No. 173

1	8	3	2	7	6	9	5	4
7	9	2	5	3	4	8	6	1
6	5	4	8	9	1	3	7	2
3	2	8	9	1	7	6	4	5
5	1	6	4	8	2	7	3	9
9	4	7	6	5	3	1	2	8
2	3	9	1	6	5	4	8	7
4	7	1	3	2	8	5	9	6
8	6	5	7	4	9	2	1	3

No. 174

5	9	2	3	1	7	8	6	4
8	7	1	5	4	6	3	9	2
3	6	4	2	9	8	5	1	7
7	2	6	1	5	9	4	3	8
4	8	9	7	2	3	6	5	1
1	5	3	8	6	4	2	7	9
9	1	8	4	3	5	7	2	6
2	3	7	6	8	1	9	4	5
6	4	5	9	7	2	1	8	3

No. 175

8	4	6	3	7	1	2	9	5
5	7	1	2	4	9	6	8	3
9	3	2	8	6	5	1	7	4
3	5	9	7	2	4	8	6	1
2	6	4	1	9	8	5	3	7
7	1	8	6	5	3	4	2	9
6	9	7	4	1	2	3	5	8
1	8	5	9	3	6	7	4	2
4	2	3	5	8	7	9	1	6

No. 176

1	7	3	5	4	9	6	2	8
5	6	2	1	7	8	3	9	4
4	9	8	2	3	6	1	7	5
9	1	5	3	6	2	4	8	7
8	2	6	7	5	4	9	1	3
7	3	4	8	9	1	5	6	2
2	5	9	6	8	3	7	4	1
6	8	7	4	1	5	2	3	9
3	4	1	9	2	7	8	5	6

No. 177

2	7	8	4	3	5	9	6	1
1	3	6	2	8	9	4	7	5
5	9	4	1	7	6	3	8	2
9	5	3	6	1	4	7	2	8
8	4	1	5	2	7	6	3	9
7	6	2	3	9	8	5	1	4
3	8	9	7	5	2	1	4	6
6	1	5	8	4	3	2	9	7
4	2	7	9	6	1	8	5	3

No. 178

8	2	5	9	4	6	3	7	1
4	7	1	5	8	3	2	9	6
6	3	9	1	7	2	4	5	8
5	8	7	2	1	4	9	6	3
3	1	6	7	9	5	8	2	4
2	9	4	6	3	8	5	1	7
7	5	3	8	2	1	6	4	9
1	4	2	3	6	9	7	8	5
9	6	8	4	5	7	1	3	2

No. 179

2	1	5	4	6	8	3	9	7
9	7	8	5	3	2	4	1	6
6	4	3	7	9	1	2	8	5
7	2	9	8	5	4	6	3	1
8	5	1	3	2	6	9	7	4
3	6	4	9	1	7	5	2	8
4	8	6	2	7	9	1	5	3
5	9	7	1	4	3	8	6	2
1	3	2	6	8	5	7	4	9

No. 180

3	9	2	7	5	4	8	6	1
1	4	6	9	8	2	7	3	5
8	5	7	1	3	6	9	4	2
7	6	9	5	4	3	1	2	8
2	8	3	6	7	1	4	5	9
5	1	4	8	2	9	3	7	6
6	2	8	3	1	7	5	9	4
9	3	5	4	6	8	2	1	7
4	7	1	2	9	5	6	8	3

No. 181

8	3	7	6	1	5	4	2	9
5	2	4	8	9	3	7	1	6
6	9	1	4	7	2	8	3	5
1	5	9	3	2	4	6	7	8
3	4	2	7	8	6	9	5	1
7	8	6	9	5	1	2	4	3
9	1	5	2	6	7	3	8	4
2	6	3	5	4	8	1	9	7
4	7	8	1	3	9	5	6	2

No. 182

1	8	5	3	6	9	2	7	4
7	9	6	2	4	1	5	8	3
2	4	3	8	7	5	1	9	6
3	1	8	6	9	7	4	2	5
6	7	9	4	5	2	8	3	1
4	5	2	1	8	3	7	6	9
5	3	7	9	2	4	6	1	8
9	6	4	7	1	8	3	5	2
8	2	1	5	3	6	9	4	7

No. 183

2	6	3	9	5	4	8	7	1
8	1	5	3	2	7	4	6	9
4	9	7	8	6	1	2	3	5
9	3	4	5	7	2	1	8	6
6	5	2	1	8	3	7	9	4
7	8	1	6	4	9	3	5	2
5	7	6	2	1	8	9	4	3
3	2	8	4	9	5	6	1	7
1	4	9	7	3	6	5	2	8

No. 184

7	4	5	8	9	2	6	3	1
1	2	3	7	5	6	8	4	9
9	8	6	1	4	3	2	5	7
3	6	2	4	7	5	1	9	8
8	1	4	2	3	9	7	6	5
5	9	7	6	1	8	4	2	3
6	3	1	9	2	7	5	8	4
4	5	8	3	6	1	9	7	2
2	7	9	5	8	4	3	1	6

No. 185

6	7	9	5	2	4	3	1	8
8	4	3	6	1	9	5	7	2
2	5	1	8	3	7	4	9	6
5	8	4	2	9	3	7	6	1
7	9	6	4	8	1	2	3	5
3	1	2	7	6	5	8	4	9
4	6	5	9	7	8	1	2	3
9	3	7	1	5	2	6	8	4
1	2	8	3	4	6	9	5	7

No. 186

7	6	8	9	5	3	1	2	4
4	1	9	2	8	7	5	6	3
5	3	2	4	1	6	8	7	9
9	5	4	8	6	2	7	3	1
1	8	3	7	4	9	6	5	2
6	2	7	5	3	1	9	4	8
8	7	1	3	2	5	4	9	6
3	4	5	6	9	8	2	1	7
2	9	6	1	7	4	3	8	5

No. 187

9	2	8	3	4	1	5	6	7
4	3	6	2	7	5	8	9	1
5	7	1	8	6	9	3	2	4
8	1	4	6	9	3	7	5	2
7	9	5	1	2	8	4	3	6
2	6	3	7	5	4	1	8	9
6	4	2	5	8	7	9	1	3
3	5	9	4	1	6	2	7	8
1	8	7	9	3	2	6	4	5

No. 188

2	3	7	8	5	6	4	1	9
4	5	6	1	2	9	8	3	7
8	1	9	3	7	4	2	6	5
7	6	2	9	4	5	1	8	3
3	9	8	6	1	2	7	5	4
1	4	5	7	8	3	6	9	2
5	7	1	4	9	8	3	2	6
6	2	4	5	3	1	9	7	8
9	8	3	2	6	7	5	4	1

No. 189

5	9	8	7	6	3	1	2	4
7	2	4	5	1	9	6	3	8
6	3	1	4	2	8	9	7	5
4	8	9	2	7	1	3	5	6
3	1	6	8	9	5	7	4	2
2	7	5	6	3	4	8	9	1
1	6	7	9	5	2	4	8	3
9	4	2	3	8	6	5	1	7
8	5	3	1	4	7	2	6	9

No. 190

9	1	3	4	5	8	7	6	2
6	7	2	1	9	3	5	8	4
8	5	4	2	6	7	9	3	1
5	8	6	7	2	1	4	9	3
3	9	1	6	4	5	2	7	8
4	2	7	3	8	9	1	5	6
1	6	9	5	3	2	8	4	7
7	4	8	9	1	6	3	2	5
2	3	5	8	7	4	6	1	9

No. 191

2	6	8	9	7	4	1	5	3
5	9	4	3	2	1	8	7	6
7	3	1	5	6	8	4	2	9
1	2	3	8	4	5	9	6	7
9	4	5	7	1	6	3	8	2
8	7	6	2	9	3	5	4	1
6	8	9	1	5	7	2	3	4
3	1	7	4	8	2	6	9	5
4	5	2	6	3	9	7	1	8

No. 192

3	8	5	2	1	4	6	9	7
1	2	4	9	7	6	3	8	5
9	6	7	5	8	3	2	1	4
6	7	9	8	4	1	5	2	3
4	1	8	3	2	5	7	6	9
5	3	2	6	9	7	1	4	8
7	9	6	4	5	2	8	3	1
8	5	3	1	6	9	4	7	2
2	4	1	7	3	8	9	5	6

No. 193

6	1	8	2	3	4	7	5	9
5	7	4	8	6	9	2	3	1
9	3	2	7	1	5	8	4	6
7	4	5	3	2	6	1	9	8
1	2	9	5	4	8	6	7	3
8	6	3	9	7	1	5	2	4
2	9	6	4	8	7	3	1	5
4	8	7	1	5	3	9	6	2
3	5	1	6	9	2	4	8	7

No. 194

7	9	3	6	4	2	5	8	1
6	4	5	8	1	3	7	2	9
8	1	2	7	5	9	3	4	6
2	6	9	3	7	5	4	1	8
4	3	7	9	8	1	2	6	5
1	5	8	2	6	4	9	7	3
9	7	6	5	2	8	1	3	4
5	2	4	1	3	6	8	9	7
3	8	1	4	9	7	6	5	2

No. 195

2	4	3	1	5	8	7	9	6
5	7	8	9	6	4	2	1	3
6	1	9	7	3	2	5	4	8
7	6	1	5	8	3	4	2	9
8	5	4	2	9	6	3	7	1
9	3	2	4	7	1	6	8	5
1	9	7	6	2	5	8	3	4
3	2	5	8	4	9	1	6	7
4	8	6	3	1	7	9	5	2

No. 196

1	3	9	7	6	2	8	4	5
8	2	4	5	3	1	7	6	9
7	6	5	8	4	9	3	2	1
2	4	8	9	7	6	5	1	3
5	9	3	1	8	4	2	7	6
6	1	7	3	2	5	4	9	8
3	5	2	6	1	7	9	8	4
9	7	6	4	5	8	1	3	2
4	8	1	2	9	3	6	5	7

No. 197

4	7	6	9	5	2	1	3	8
3	2	1	6	7	8	9	5	4
5	9	8	4	3	1	7	6	2
6	1	5	7	2	4	8	9	3
8	4	2	5	9	3	6	7	1
9	3	7	1	8	6	4	2	5
1	5	3	8	6	9	2	4	7
7	8	9	2	4	5	3	1	6
2	6	4	3	1	7	5	8	9

No. 198

3	7	8	5	2	9	6	1	4
6	1	5	3	4	7	2	8	9
9	4	2	6	1	8	5	3	7
2	3	9	8	7	5	1	4	6
5	8	1	4	6	2	7	9	3
4	6	7	1	9	3	8	5	2
1	9	4	7	5	6	3	2	8
8	5	6	2	3	4	9	7	1
7	2	3	9	8	1	4	6	5

No. 199

7	9	2	8	5	6	3	4	1
1	8	4	7	9	3	5	6	2
5	3	6	2	4	1	7	8	9
4	7	5	9	1	2	8	3	6
8	6	1	5	3	7	2	9	4
3	2	9	4	6	8	1	5	7
9	5	7	1	8	4	6	2	3
6	1	8	3	2	9	4	7	5
2	4	3	6	7	5	9	1	8

No. 200

2	5	8	3	6	7	4	9	1
4	7	6	1	9	5	3	2	8
9	3	1	4	2	8	6	7	5
6	9	3	7	1	4	8	5	2
1	2	5	6	8	3	7	4	9
8	4	7	2	5	9	1	3	6
3	8	2	5	4	6	9	1	7
7	1	9	8	3	2	5	6	4
5	6	4	9	7	1	2	8	3

Notes